古代出雲王国と神々の伝承

消された英雄 スサノオとニギハヤヒ

木村博昭

批評社

はじめに

私は、これまで神々の伝承を拠り所にして、神話の世界に封じ込められた神々の実像を探し求めてきた。その結果、スサノオとオオトシ（ニギハヤヒ）父子を中心に出雲の神々の輝かしい功績を讃える伝承が際立って多いことに驚かされた。とりわけ、「皇国の本主」・「天王」と崇められたスサノオと、「皇大神《スメ》」・「天照魂神《アマテルミタマ》」と讃えられたオオトシ（ニギハヤヒ）は、古代日本建国の歴史を研究するうえで欠くことのできない重要な神であると考えるにいたった。

ところで、古代日本歴史の最大の謎は、二世紀から三世紀に実在した二つのヤマト（倭国）、つまりヤマト王権と邪馬台国がどのようにして誕生し、二つのヤマトがどのような歴史を辿ったのかということである。日本最古の正史とされる『日本書紀』は、これらの古代歴史の核心についてまったく記していない。

ところが、邪馬台国やヤマト王権がいまだ誕生していない時代（一世紀から二世紀）に、古代出雲王国（出雲・伯耆《ホウキ》・因幡《イナバ》）が大いに繁栄して強大な勢力を有していたことは考古学が証明している。青谷上寺地《アオヤカミジチ》遺跡と妻木晩田《ムキバンダ》遺跡からは想像を絶するほどの鉄製品（農・工具）が出土し、荒神谷《コウジンダニ》遺跡と加茂岩倉遺跡からは大量の銅剣と銅鐸・銅矛が出土した。さらに大型の四隅突出《ヨスミトッシュツ》型墳丘墓は出雲王国の存在を裏付けている。古代出雲王国は日本海に面した地理的環境を利用して、朝鮮半島や北九州のみならず日本海沿岸ルートや瀬戸内海ルートを使って、ヤマトにいたる交易活動を頻繁に行っていたのである。「ものづくり」も盛んで、精巧な木製品や骨角製品・石製品のみならず、青銅器や鉄器の生産・加工も行われていた。また、大規模な土木工事や一〇メートルを超える高層建物があったことも明らかになっている。

これらの遺跡は、古代出雲王国が実在したことを証明するだけでなく、これまでの古代史観を根底から覆すほどの意味をもっている。「出雲神話」は単なる架空の話ではなかった。「古代出雲」は、日本の夜明けともいうべき時代に最も影響力のある国に成長して、邪馬台国やヤマト王権誕生の基礎を築いたと考えられるのである。

古代出雲王国を構成する人々（出雲族）は、渡来系の人々の新しい技術と文化を積極的に取り入れるとともに、独自の青銅器文化（銅剣祭祀と銅鐸祭祀）や四隅突出型墳丘墓を核とする共同体組織を創り出した。しかし、出雲地域は土地が狭く寒冷な場所にある。出雲族は各分野にわたる高度な生産・加工技術と文化を背景に、より温暖で稲作に適した広い土地を求めて、北九州の海人族とともに西日本各地に進出した。古代出雲王国の繁栄は出雲族のこのような進取的な風土によってもたらされたと考えられる。

いたるところに未開の原野が広がる太古の昔、各地に住みついた出雲族は未開地の開拓に従事した。慣れない土地での生活は想像を絶する苦労があったに違いない。土地の開拓が進み各地に出雲族の拠点がつくられると、出雲族は住みついたそれぞれの土地に心の拠り所として産土神《ウブスナ》（出雲の神々）を祀った。日本各地に出雲の神々を祀る古い神社が目立って多いのは、はるかなる昔に出雲族が積極的に各地に進出した証しである。

古代日本の黎明期をリードしたのは出雲族であった。したがって、日本の古代歴史解明の鍵は「古代出雲」にある。本書では、神々の伝承と各種の古文献からスサノオとオオトシ（ニギハヤヒ）父子の系譜と足跡を辿り、日本建国の謎に迫りたい。

古代出雲王国と神々の伝承

——消された英雄　スサノオとニギハヤヒ

＊

目次

第2章　「古代出雲」の真実　78

第5章 邪馬台国の変遷 167

第6章　崇神天皇の出現　198

（出雲）

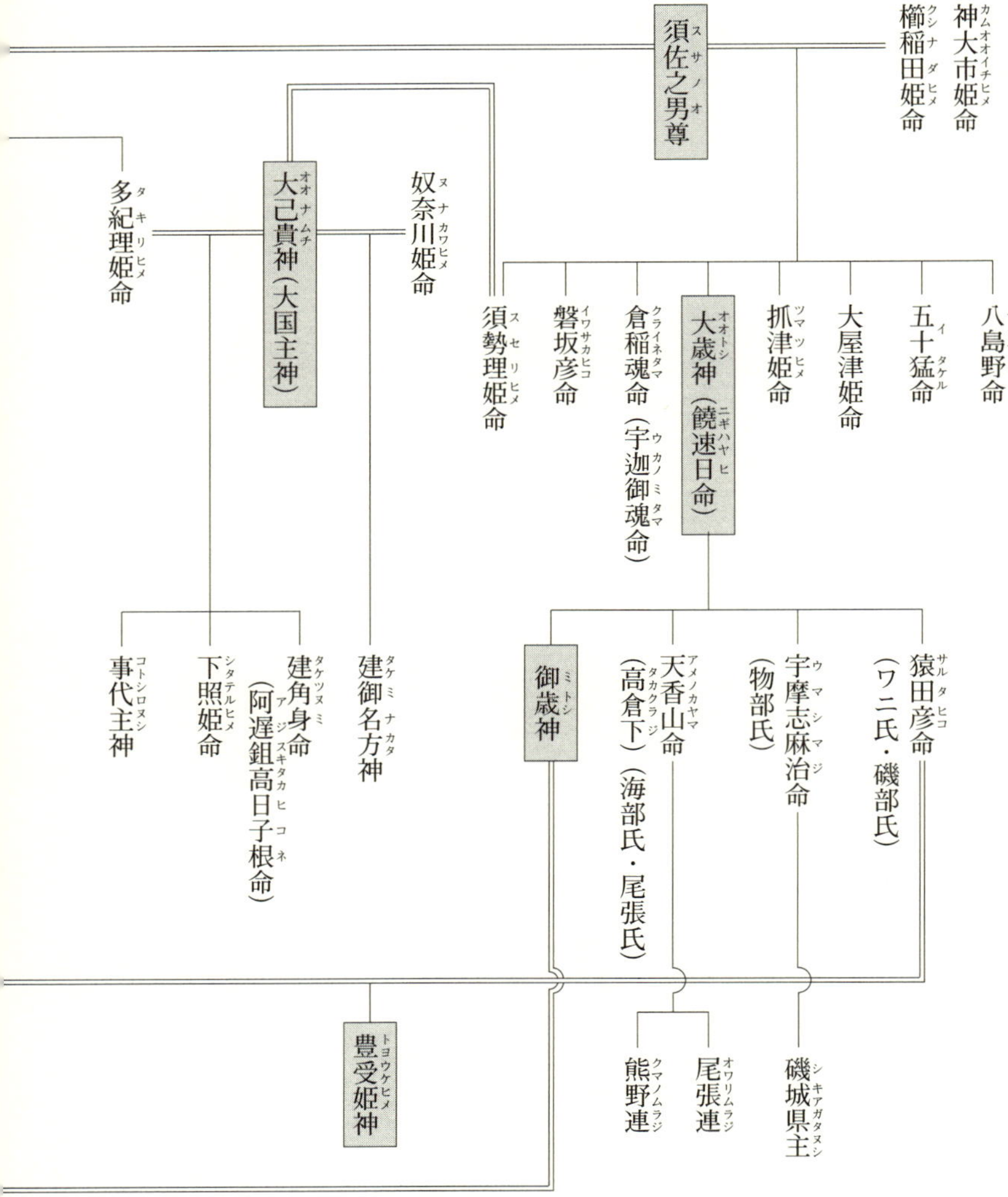
神大市姫命《カムオオイチヒメ》
櫛稲田姫命《クシナダヒメ》
須佐之男尊《スサノオ》
八島野命《ヤシマノ》
五十猛命《イタケル》
大屋津姫命
抓津姫命《ツマツヒメ》
大歳神《オオトシ》（饒速日命《ニギハヤヒ》）
倉稲魂命《クライネタマ》（宇迦御魂命《ウカノミタマ》）
磐坂彦命《イワサカヒコ》
須勢理姫命《スセリヒメ》
奴奈川姫命《ヌナカワヒメ》
大己貴神《オオナムチ》（大国主神）
多紀理姫命《タキリヒメ》
猿田彦命《サルタヒコ》（ワニ氏・磯部氏）
宇摩志麻治命《ウマシマジ》（物部氏）
天香山命《アメノカヤマ》（高倉下《タカクラジ》）（海部氏・尾張氏）
御歳神《ミトシ》
建御名方神《タケミナカタ》
建角身命《タケツヌミ》（阿遅鉏高日子根命《アジスキタカヒコネ》）
下照姫命《シタテルヒメ》
事代主神《コトシロヌシ》
磯城県主《シキアガタヌシ》
尾張連《オワリムラジ》
熊野連《クマノムラジ》
豊受姫神《トヨウケヒメ》

●表1

神々の系譜　『古代万華』小椋一葉著（河出書房新社）より

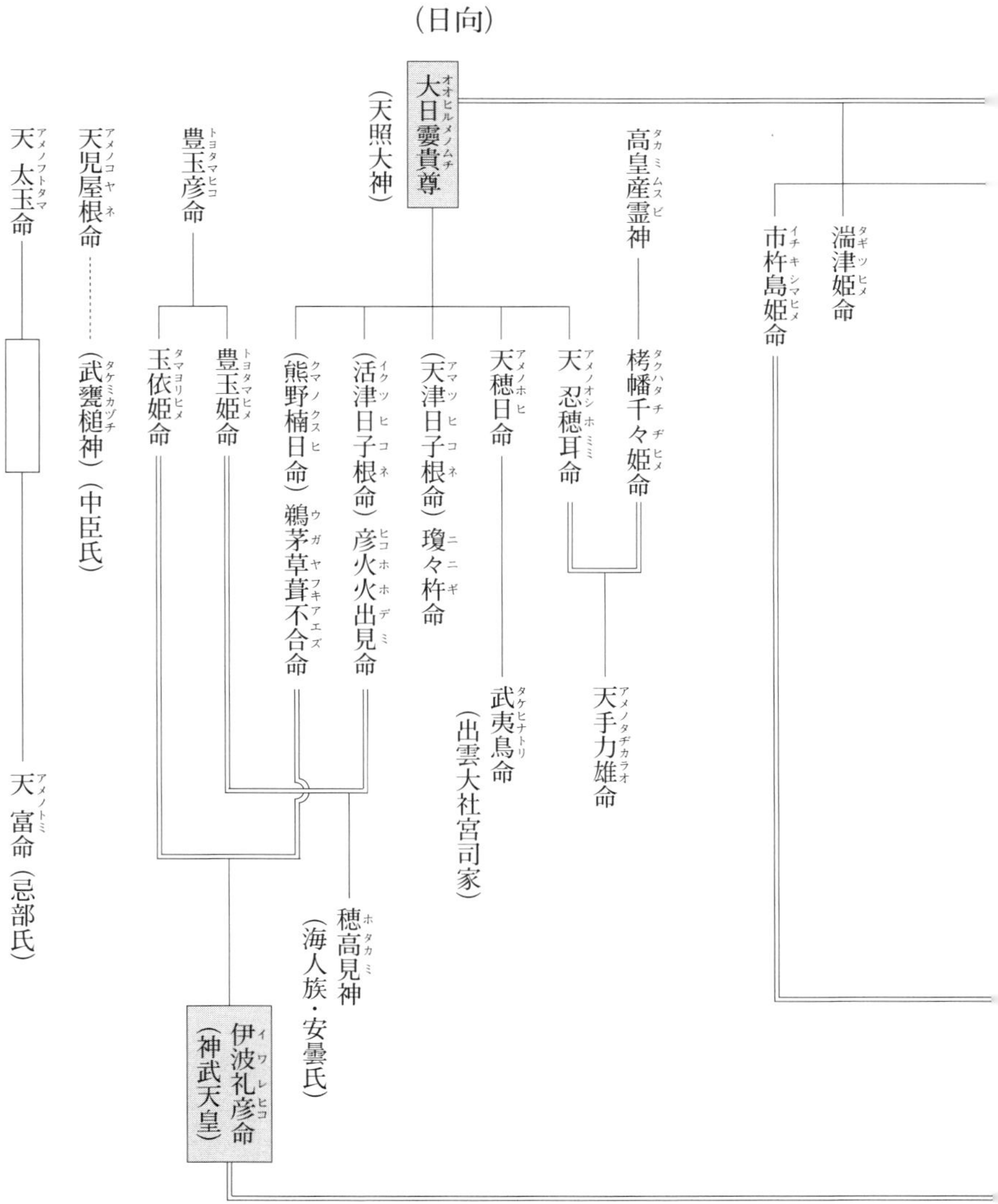

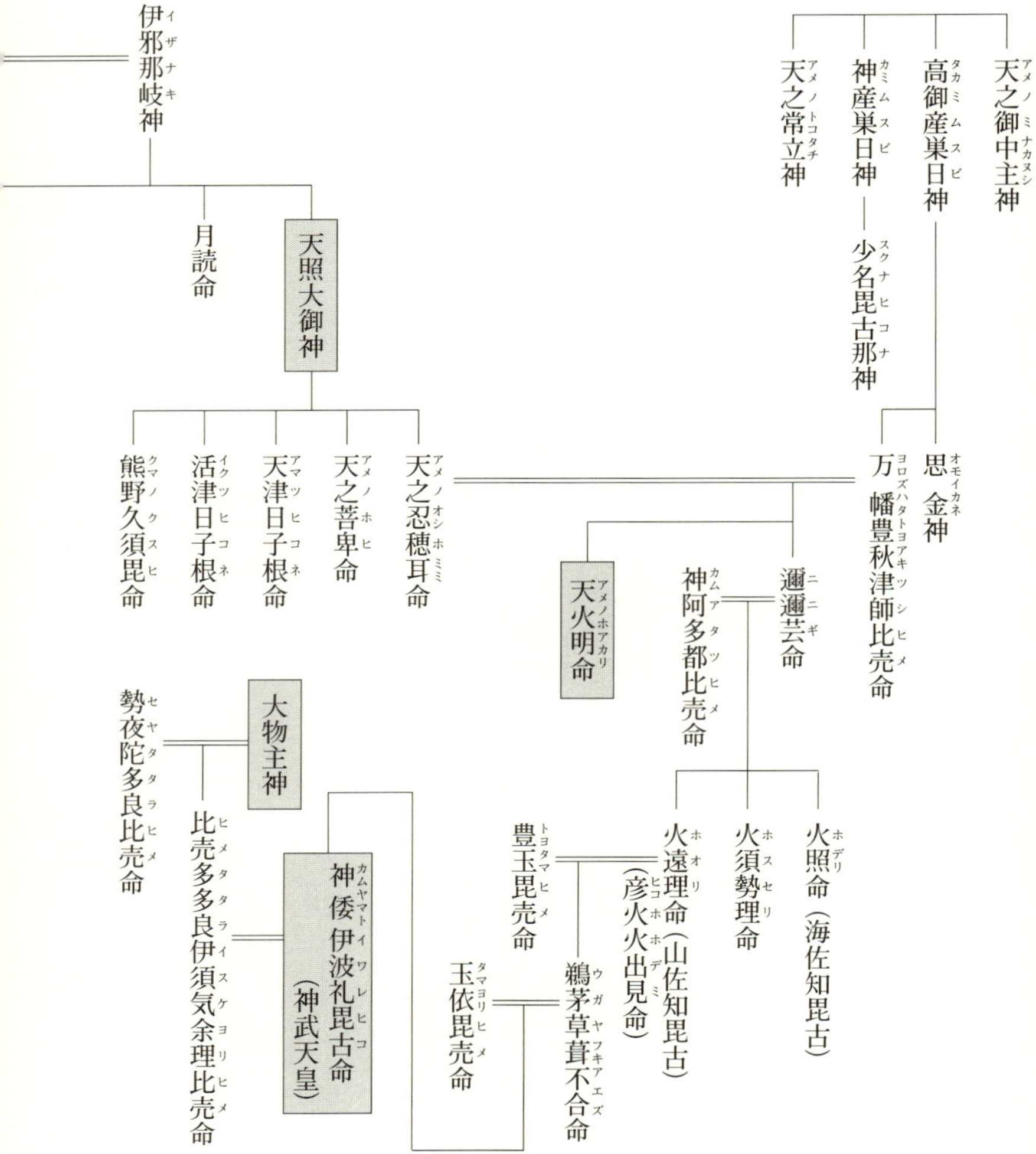
天之御中主神《アメノミナカヌシ》
高御産巣日神《タカミムスビ》
神産巣日神《カミムスビ》
天之常立神《アメノトコタチ》
少名毘古那神《スクナヒコナ》
思金神《オモイカネ》
万幡豊秋津師比売命《ヨロズハタトヨアキツシヒメ》
伊邪那岐神《イザナキ》
月読命
天照大御神
天之忍穂耳命《アメノオシホミミ》
天之菩卑命《アメノホヒ》
天津日子根命《アマツヒコネ》
活津日子根命《イクツヒコネ》
熊野久須毘命《クマノクスヒ》
邇邇芸命《ニニギ》
神阿多都比売命《カムアタツヒメ》
天火明命《アメノホアカリ》
火照命《ホデリ》（海佐知毘古）
火須勢理命《ホスセリ》
火遠理命《ホオリ》（山佐知毘古）
（彦火火出見命《ヒコホホデミ》）
豊玉毘売命《トヨタマヒメ》
鵜茅草葺不合命《ウガヤフキアエズ》
玉依毘売命《タマヨリヒメ》
神倭伊波礼毘古命《カムヤマトイワレヒコ》
（神武天皇）
大物主神
勢夜陀多良比売命《セヤタタラヒメ》
比売多多良伊須気余理比売命《ヒメタタライスケヨリヒメ》

●表2

『古事記』による主な神々の略系譜

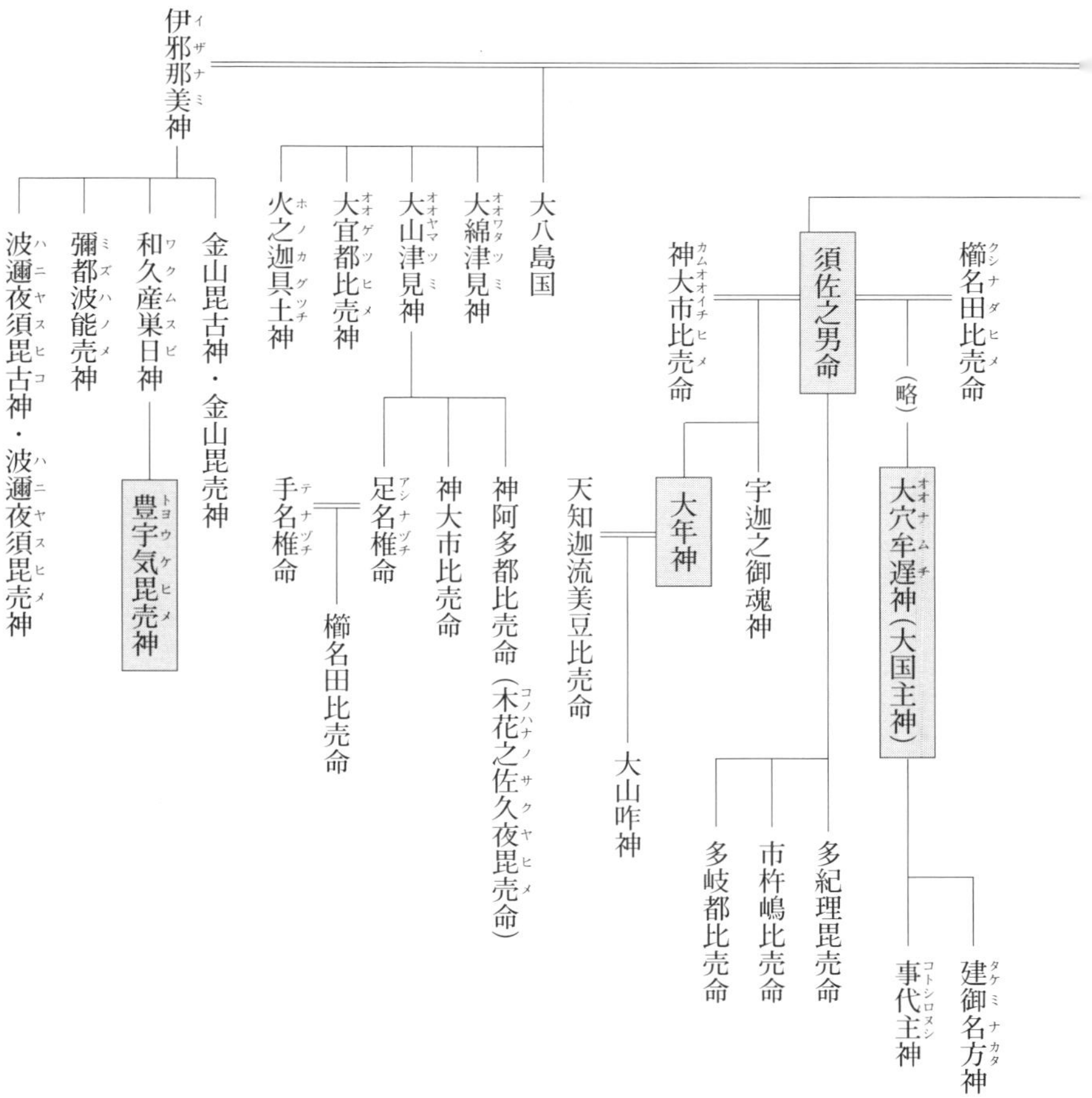

●表3
関係年表

推定年（西暦）	
120	スサノオ　島根県平田市付近で生まれる
140	スサノオ　オロチ討伐 → 出雲平定 大東町須賀に宮（政庁）を置く
150	オオトシ　出雲で生まれる　　アマテラス　生まれる
150～160	スサノオ　朝鮮半島への航海ルート（宗像ルート）と北九州遠賀川下流域並びに瀬戸内海の主要拠点を掌握
170→	スサノオ率いる出雲族の九州遠征　　邪馬台国の創始（宇佐に政庁を置く）
175～180	オオトシ　河内・ヤマトに乗り込む
180	スサノオ　島根県八雲村熊野で没　熊野山に葬られる
	オオナムチ　出雲国と筑紫国（邪馬台国）の2代目の王になる
200	ニギハヤヒ（オオトシ）　三輪山麓・纒向の地にヤマト王権樹立
	トヨウケ姫　出雲で生まれる
210	イワレヒコ　生まれる　　ミトシ姫　生まれる
215～220	オオナムチ　日向の地で没
220	ニギハヤヒ　没　御諸山頂に葬られる
	アマテラス（ヒミコ）　邪馬台国の3代目の王になる
225～230	日向族の出雲侵攻 → 出雲王国を制圧
230～240	イワレヒコ　日向からヤマトへ東遷
241	初代神武天皇誕生　大王家のミトシ姫と結婚
248	アマテラス（ヒミコ）　没
	トヨウケ姫　邪馬台国の4代目の王になる
270	邪馬台国の東遷　ヤマト王権と併合（大ヤマト国の誕生）
285	トヨウケ姫　没
310	崇神天皇即位 → 新ヤマト王権の誕生

●図1

ヤマト周辺の川とニギハヤヒゆかりの神社・遺跡

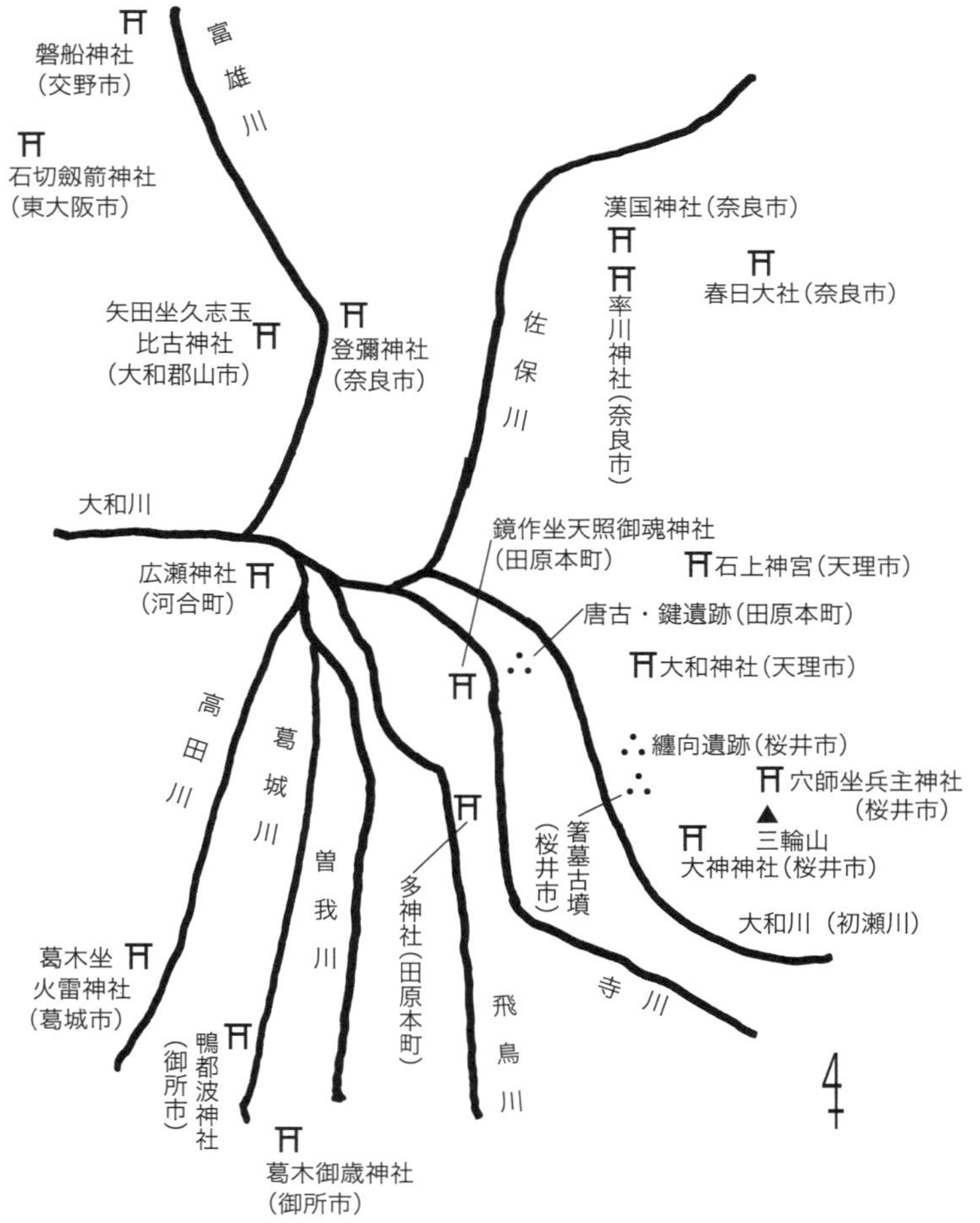

第1章　出雲の神々

1　神々の伝承と古代

(1) 古代の神々

日本固有の信仰は、精霊信仰・祖霊信仰・首長霊信仰の三層から成るといわれている。

精霊信仰は縄文時代の信仰で、山・川・巨石・古木・雷・動物その他あらゆる事象に精霊が宿るという考えである。

祖霊信仰は弥生時代中期以降におこったもので、亡くなった祖先はすべて神になり子孫を見守るとするものである。ところが、稲作が生活の中心になり村の共同作業が増えて共同体組織が形成されるようになると、稲作に優れた者や共同体組織をリードする有力者が生まれた。これらの有力者は亡くなると、共同体の同族意識を基盤にして、氏神《ウジガミ》（氏族の祖先）や産土神《ウブスナガミ》（居住地の鎮守の神）として祀られるようになった。

古代の神社は氏神信仰や産土神信仰を核として発展した。したがって、祭神は氏族の祖先やその地にゆかりの人物であり、決して縁もゆかりもない人物やまして架空の人物を神として祀ることはなかった。

「ちはやぶる神　神にましますものならば　あはれと思しめせ　神も昔は人ぞかし」

『梁塵秘抄《リョウジンヒショウ》』にあるこの歌は、源　資賢《ミナモトノスケカタ》が下鴨神社で詠んだものといわれている。この歌の心の中にいる神は、今を生きる人々の良き相談相手であり、神と人とのほのぼのとした雰囲気が感じられる。太古の昔から今日にいたるまで、先人の数々の活動の歴史が神社の縁起・伝承として語り継がれてきた。その意味で、古代の神々の多くは古代の歴史と密接に結びついていたと考えられるのである。

三世紀になると、大王や大王に仕える首長たちの祖先の霊は、一般の庶民の祖先の霊よりもはるかに強い力をもつとする首長霊信仰がおこった。首長霊信仰は共同体の統一を促し、大王を頂点とする階級社会を生み出す原動力になった。

ところが、七一二年に『古事記』が、七二〇年に『日本書紀』が編纂された。

多くの学者が指摘しているように、『古事記』と『日本書紀』（以後『記・紀』と表記する）のねらいは「古代歴史の改竄《カイザン》」にあり、それを正当化するために書かれたのが「神代巻」である。

『記・紀』は、神と神代について、「高天原《タカマガハラ》」という天上の神の世界を創作して架空の神々をつくり出し、神を現世と遊離した存在にしてしまった。そして、日本建国の礎を築いた祖先（神）を神話の世界に埋没させ、神々の本当の姿を闇の中に葬った。その結果、「神話はまったく信用できないから、神話のことなど今更深く考えることもない」というのが日本人の一般常識になっている。しかしながら、日本の神社制度は今もなおこの神話の神々の体系の上に成り立っているのである。そのため、主要な神社の祭神には「正体不明」の神々が多い。

私は神話の世界に封じ込められた神々の実像を探り出すことによって、古代日本建国の歴史に迫りたいと考えている。しかし『記・紀』神話を基準にしていては、古代の神々の実像を見つけることはできない。

もちろん、『記・紀』神話がすべて架空の話というのではない。神話として無視されてきたことが、史実の痕跡として証明されたものはいくつもある。むしろ、神話のあちこちに古代の歴史を探るヒントがちりばめられている。

⑵神社伝承の重要性

「古代史は宗教ではない」と主張する学者や研究者は多い。ところが、政治と祭祀《サイシ》が一体化していた古代において、政治と祭祀はともに「マツリゴト」であり不可分の関係にあった。したがって、神々と祭祀を抜きにして古代の歴史は語れないといえるであろう。問題は実在した古代の神々の実像をどのような方法で把握するかということである。

古代の神々には神陵（磐座《イワクラ》）があり、神々の子孫が古代豪族につながっている。神々は実在した。そして、神々の活動の歴史が神社の縁起・伝承として語り継がれてきた。私は、古代歴史の謎を解く鍵は、古代に創祀《ソウシ》された神社の伝承と神々の研究にあると考えている。

しかし、長い歴史の中で、その時々の政治権力の思惑から、神社の縁起・伝承は意図的に変えられ、消され、後から付け加えられたりして大きな影響を受けている。それでも、民間に根強く残る伝承をすべて変えたり消してしまうことはできなかった。

神々の伝承は数々の苦難の時代を乗りこえて、一千数百年の悠久の歴史を今に伝えている。古代、文字はなくても口伝えで伝承は幾世代にもわたって継承されてきた。伝承は一見あやふやなように見えるが、我々の祖先が今日まで語りついできた貴重な遺産である。

また、由緒ある神社では、祭神の変更や無関係な神々の合祀によって、本来の祭神が分からないようにされていることが多い。政治権力が作為的に事実を改変し、抹消しようとした痕跡はいたるところに残っている。しかし、どんなに主要な神社の祭神を入れ替えても、そこから勧請《カンジョウ》された多くの神社の神々の伝承は今日まで脈々と生き続けている。

歴史のある古い神社をよく調べると、謎めいた伝承に出会うことが多い。また、新しい祭神の背後に様々な形で消された神々がひっそりと祀られていたり、今も続く特殊神事の内容から消された神々の証しを見つけることができる。これまで、消された神々と伝承を必死に守ろうとする多くの人々がいた。そのお陰で、今日まで様々な形で神々の痕跡が残されているのである。

今日多くの人々は、目に見える神社の荘厳な建築物や伝統行事などの文化遺産、そして、神社にある巨木・巨岩などに神社の存在意義を見つけようとしている。しかし、それで良いのだろうか。神社がいつ創祀されたのか、誰を祀っているのか、誰が祀ったのか、どういう理由で祀ったのかという視点で神社にお参りすると、なお一層、神社の奥深さと豊かな歴史を感じることができる。各地の神社にひっそりと残る神々の痕跡と伝承を拾い集め、それらの情報を様々な角度から見直すと、これまでと異なる新しい情報が得られるものである。

もちろん神々の伝承だけでは不十分であり、各種の古文献と考古学・民俗学の成果を総合的に取り入れることが必要である。それに加えて、古代歴史の空白時代（二世紀～四世紀）を埋めるためには、これまで偽書として放置されてきた『先代旧事本紀《センダイクジホンギ》』の正しい理解が何よりも求められる。

2　隠蔽《インペイ》・改竄《カイザン》された「出雲の神々」

日本各地の古い神社（『記・紀』編纂以前に創祀《ソウシ》された神社）の祭神は、スサノオ、オオトシ（ニギハヤヒ）、オオナムチ、サルタヒコ、イタケル、トヨウケ姫、タケミナカタなどの出雲の神々が圧倒的に多い。なぜ、こんなに出雲の神々で満ち溢れているのだろうか。その理由は、古代日本の夜明けの時代（一世紀〜三世紀）に、出雲族が西日本の海人族（阿曇《アズミ》氏、宗像《ムナカタ》氏、海部《アマベ》氏など）とともに日本各地に進出して未開の原野を開拓し、住みついた土地に守護神として出雲の神々を祀ったからである。

これらの神社には数々の伝承が残されているが、なかでも、スサノオとオオトシ（ニギハヤヒ）父子の輝かしい功績を讃える伝承は際立っている。

上は天皇から下は名もない庶民にいたるまで、この国に生きた人々は二人に熱い祈りを捧げてきた。しかしながら、二人の神名は政治権力の思惑から隠蔽・改竄されている。特にオオトシ（ニギハヤヒ）の神名は徹底的に排除されて正体不明の名に変えられた。

日本各地の由緒ある神社の伝承と祭神を詳細に調べると、出雲の神スサノオとオオトシ（ニギハヤヒ）の事績と神名を消すために、政治権力が介入した痕跡が数多くみられる。

(1) 政治権力の介入

①古文書と墓記《オクツキノフミ》（先祖の由来や事績を記入したもの）の没収

●持統天皇五年（六九一年）に二神社（大神《オオミワ》神社と石上《イソノカミ》神宮）の古文書と下記十六家の墓記が没収された。大神神社と石上神宮は古代歴史の原点といえる神社であり、出雲族と物部氏族の本丸である。その二神社の古文書が没収されている。

（十六家）春日氏（ワニ氏）、大伴氏、佐伯氏、雀部《ササベ》氏、阿部氏、穂積氏、采女《ウネメ》氏、膳部《カシワベ》氏、羽田氏、巨勢《コセ》氏、石川氏、平群《ヘグリ》氏、木角《キノツヌ》（紀氏）氏、阿積《アヅミ》氏、藤原氏、上毛野《カミツケノ》氏

　これは、『記・紀』編纂にあたり、没収した古文書や墓記の内容を都合良く利用・改竄して核心部分を抹消することがねらいであり、古代歴史の改竄が暴露されるのを防ぐためであることは明白である。

●これに関連して、『続日本記』の元明天皇「慶雲四年（七〇七年）七月」と「和銅元年（七〇八年）正月」の条に興味深い記述がある。

「山沢に亡命し軍器を狭蔵して百日首《モウ》さぬは復罪《マタツミナ》ふこと初《ハジメ》の如くせよ」

「山沢に亡命し禁書を狭蔵して百日首さぬは復罪ふこと初の如くせよ」

　これらの記述は、それぞれ恩赦《オンシャ》記事の直後に記されている。朝廷のやり方に不満を抱き、朝廷から狙われている文書を守ろうとして山沢に逃れた人々が実在したのである。日本でも焚書《フンショ》が行われていた。この恩赦記事は『記・紀』編纂の五年から一二年前のことである。

②『記・紀』神話のねらい

『記・紀』はスサノオとオオトシ（ニギハヤヒ）の輝かしい功績を抹消するために書かれ、あの奇妙な神話の世界が創作された。その典型的な事例が「オオクニヌシ」の創作であり、「オオクニヌシのまたの名」の記述である。

『古事記』は「オオクニヌシのまたの名はオオナムチ、アシハラシコオ、ヤチホコ、ウツシクニタマの神であわせて五つの名あり」と記している。ところが『日本書紀』では、「一書に曰《アルフミイ》はくオオクニヌシのまたの名はオオモノヌシ、オオナムチ、アシハラシコオ、ヤチホコ、オオクニタマ、ウツシクニタマの神」の七つに増えて、オオモノヌシとオオクニタマの神が追加されている。

ここに『記・紀』神話のねらいが端的にあらわれている。「オオクニヌシ」という神名は、実在した「オオナムチ」の神名とまったく同じ意味である。「オオ」は大きい・「クニ」と「ナ」は土地・「ヌシ」と「ムチ」は尊称で、「大きな土地(国)を支配する神」のことである。

つまり、「オオクニヌシ」はオオナムチをベースに複数の神格をひとつに統合し、『記・紀』神話の主人公として創作された実体のない神である。したがって、『出雲国風土記』や『万葉集』に「オオクニヌシ」の名はまったく出てこない。

そして、オオナムチは「オオモノヌシ」や「オオクニタマ」そして「ヤチホコ」の神とは明らかに別神である。御諸山の大神（オオモノヌシ）はヤマトを造成した神で、「太陽神」や「天皇（大王）霊」として崇《アガ》められた神である。また、「オオクニタマ」は十代崇神天皇の時まで宮中に奉斎されていた皇祖神「日本大八洲《ヤマトオオヤシマ》の国魂神《クニタマ》」である。『日本書紀』は、オオモノヌシとオオクニタマをオオクニヌシ（オオナムチ）の別名と記しているが、そもそも、「国《クニ》つ神《カミ》」の代表というオオクニヌシが宮中に祀られることはありえない。また、オオクニヌシには太陽神の神性もない。ヤチホコの神はヤツルギの神のことで、スサノオの別名である。なお、オオモノヌシの実像については後ほど詳しく検討したい。要するに、『記・紀』が「オオクニヌシ」という神を創作し、出雲の生んだ二代英雄（スサノオとニギハヤヒ）の偉大な功績を「オオクニヌシ」にすりかえて、日本建国の歴史の真相を隠蔽しようとしたことは明らかである。

『記・紀』では、高天原《タカマガハラ》（天）の神の代表「天御中主神《アメノミナカヌシ》」に対して、「大国主神」は葦原中国《アシハラノナカツクニ》（地）の代表として登場している。しかし、高天原や葦原中国の名称は机上で考えられたものであり、アメノミナカヌシやオオクニヌシは観念的に創作された神である。『記・紀』は八百万《ヤオヨロズ》の神々を「天《アマ》つ神」と「国《クニ》つ神」に分類して、アマテラス大神を頂点とする神々の体系を一本化しようとする意図のもとに書かれている。

　高天原の太陽神アマテラス大神と国つ神の代表オオクニヌシ神の関係を具象化したのが伊勢神宮と出雲大社である。アマテラス大神は皇祖神として天皇によって祀られ、オオクニヌシ神は出雲国造《イズモノクニノミヤツコ》によって祀られた。

出雲国造は代替わりの都度、天皇に首長の代表として服属の誓詞を奏上した。それが「出雲国造神賀詞《カムヨゴト》」である。この服属儀礼は、葦原中国の主であるオオクニヌシが高天原の日神アマテラスに国譲りする神話と重なる。それは、天皇と出雲国造・アマテラス大神とオオクニヌシ神の支配と被支配の関係を明確に示すためのものであった。

吉井巌氏も、「ヌシ」を名にもつ神名の成立はきわめて新しく、『記・紀』神話の構想が最終的に成立する時期に生まれたものであることを指摘している。例えば、天御中主神《アメノミナカヌシ》、大国主神、大物主神、経津主神、事代主神《コトシロヌシ》などで、これらの神々は『記・紀』神話の中で重要な役割を演じる神々である。これらの神々を考察することにより、『記・紀』神話成立の根底にある「古代歴史の改竄・隠蔽」の問題について有効なヒントを得ることができる。

以下、具体的な介入事例を示したい。

③事例

● 天武天皇は各地の大社にオオナムチを合祀する旨の勅令を出している。

高応神社《タカオ》（真庭市）の祭神は、大己貴命《オオナムチ》、少彦名命《スクナヒコナ》、スサノオ尊、言代主命《コトシロヌシ》、倉稲魂命《ウカノミタマ》である。由緒に「白鳳元年の建立で、天武天皇大社の勅があり各所にオオナムチ神の勧請《カンジョウ》があった。高応神社もその中に含まれ、天皇神田を寄付された。元明天皇七一三年、備前六郡をさき作州一国を立てられ、当国高応大己貴神社と崇敬された」とある。

　つまり、創建時はスサノオを祀る社だったが、天武天皇の勅によりオオナムチが合祀された。さらに、七一三年には、神社名まで高応大己貴神社に改変されたということである。

●さらに、聖武天皇も七三九年各国の総社にオオナムチを祀るよう勅令を出している。「総社」とは、各所の神社に奉斎されている祭神を一箇所に勧請・合祀した神社をいう。一般には一国の総社をいうが、一郡・一郷の総社もある。

　平安時代にこの総社が朝廷の介入を受けて、スサノオとニギハヤヒ隠しに利用されている。越前市の総社大神宮の由緒書には、「聖武天皇天平十一年（七三九年）諸国に勅して各国の総社にオオナムチの神霊を配祀されたとき、神霊を遷された勅祀の神社である」と記されている。石岡市の総社神社も「聖武天皇の天平年間勅命により天神地祇の中御神六柱を国府の地に勧請した」と伝え、スサノオ・フル（布留）大神らの中にオオクニヌシが合祀されている。

●駿河国総社「静岡浅間神社」（静岡市）の由緒書には、「神部《カンベ》神社、浅間《アサマ》神社及び大歳御祖《オオトシミオヤ》神社の三社を総称して、静岡浅間神社という」とある。

大歳御祖神社

　ところが、同じ敷地内にある三社の配置から判断すると、昔からの長い参道が続く赤鳥居の正面に位置し、真後ろに賤機山《シズハタヤマ》（古墳）のある大歳御祖《オオトシミオヤ》神社（祭神大歳御祖命）が明らかに本来の社であると思われる。おそらく、あとから神部神社（祭神オオナムチ）と浅間神社（祭神コノハナサクヤ姫）が建てられ、名前も「静岡浅間神社」になったのではないだろうか。

古代の駿河国は、物部氏族の根拠地であった。したがって、大歳御祖神社は、ヤマトから移住した物部氏族が祖神オオトシを「御祖《ミオヤ》」の尊称で祀ったことに由来すると推定できるのである。

●漢国《カンゴウ》神社（奈良市）の由緒書には、「当神社は五九三年大神君《オオミワノキミ》白堤《ハクテ》と申す方が勅を賜いて園神《ソノカミ》オオモノヌシの神霊をお祭りせられ、その後七一七年に藤原不比等《フヒト》公が更に韓神《カラカミ》の二座（オオナムチとスクナヒコナ）を相殿として祀られた」と記されている。

由緒からも、園神（オオモノヌシ）と韓神（オオナムチ）が別神であることは明白である。藤原不比等が特別な意図のもとに、オオモノヌシを祀る社にオオナムチを配祀した典型的な事例である。

現在の建国記念日（二月十一日）はかつて「紀元節」と呼ばれたが、平安時代以降、この日に「園神・韓神祭り」が天皇により執り行われていた。園神はオオモノヌシで、韓神はオオ

ナムチとスクナヒコナである。

この祭りからも、オオモノヌシとオオナムチが同じ神でないことは疑う余地がない。

●日吉大社（大津市）の創祀は、崇神天皇七年に比叡山の主峰牛尾山上（現奥宮）にオオヤマクイ神が祀られたことに始まる。その後、天智天皇は近江遷都にともない、日本の地主神《トコヌシガミ》オオモノヌシをヤマトの大神《オオミワ》神社から勧請して皇城鎮護の神とされた。これが西本宮の起源である。したがって、西本宮の祭神は当然オオモノヌシのはずであるが、現在の祭神名はオオナムチである。全国の日吉（日枝）神社の祭神もほとんどオオナムチに統一されている。

●大己貴神社（福岡県筑前町）はもと大神社、大三輪大明神と称された古社である。

大神社・大三輪大明神と称されたということは、当然、オオモノヌシが祀られていたはずである。それがいつの間にかオオナムチに変わり、社名まで大己貴神社になっている。

これらの事例に見られるように、『記・紀』が成立した奈良時代以降、オオナムチ（オオクニヌシ）への祭神の改変やオオナムチ（オオクニヌシ）の合祀が政治権力の介入により行われたことは明らかである。

(2) 出雲大社の秘密

① 杵築《キヅキ》大社の創建とオオナムチ

出雲大社は明治時代まで杵築大社《キヅキノオオヤシロ》と呼ばれていた。具体的な創建の時期は不明だが、梅原猛氏や鳥越憲三郎氏が唱えるように、第二十六代出雲国造《クニノミヤツコ》果安《ハタヤス》が「神賀詞《カムヨゴト》」を奏上した霊亀二年（七一六年）と推定される。とすると、杵築大社は『古事記』（七一二年）と『日本書紀』（七二〇年）の編纂時期に合わせてつくられている。

オオナムチは、三世紀前半に亡くなったと考えられるので、死後約五〇〇年も後に朝廷は突然オオナムチを祀る日本一の社を出雲につくったことになる。しかも、その規模が尋常ではない。

九七〇年に源為憲《タメノリ》が書いた『口遊《クチズサミ》』に「雲太《ウンタ》・和二《ワニ》・京三《キョウサン》」とある。これは当時の建物の高さで一番は杵築大社、二番は東大寺の大仏殿、三番は平安京の大極殿であることを記している。杵築大社は東大寺の大仏殿の十五丈（四五メートル）を超える十六丈（四八メートル）であったとされ、それを裏付ける遺跡も見つかっている。

スサノオとニギハヤヒの身代わりとなったオオナムチを出雲の英雄に仕立て上げるために、日本一高い立派な社が建てられた。それが杵築大社である。その建立のタイミングと規模の異常さに、政治権力の恐るべき執念を見る思いがする。

七三三年に『出雲国風土記』が出雲国造によって編纂された。さすがに「オオクニヌシ」という架空の神名は記されていない。しかし、『記・紀』がオオクニヌシのまたの名と記すオオナムチには「天の下造らしし大神」という特別の称号がつけられ、天の下（天下）をつくった大神として二七回も登場している。ところが、出雲国一の宮熊野大社の熊野大神はわずか二回しか登場せず、スサノオに関する伝承も四ヵ所記されているだけである。このことからも、出雲国造は杵築大社の祭神オオナムチを出雲の偉大な神に仕立てあげる意図のもとに『出雲国風土記』を編纂したといえるであろう。

ところで、杵築大社の祭神が平安時代前期頃から約八〇〇年もの間スサノオであったことは歴史的な事実である。一六六六年毛利綱広が寄進した拝殿前の銅鳥居には「素戔鳴《スサノオ》尊者雲陽大社神也」の銘文が刻まれている。現在もスサノオを祀る素鵞《ソガ》社が本殿の真後ろにある。そして、本殿は南向きなのに、オオナムチの神座は横（西）を向いており、オオナムチの祀られ方が何とも不可解である。しかも地元では、スサノオは産土神として崇められ人々の信仰は極めて篤く、出雲大社を参拝するときには必ず本殿と素鵞社を一緒に廻るという。

出雲大社の参拝は「四柏手」で宇佐神宮と同じである。この両社に関係する神はスサノオである。「四柏手」は本来の祭神スサノオの「死」を意味するもので、出雲大社と宇佐神宮はともにスサノオの怨霊を封じる社ではないかと思われる。

旧暦十月には出雲大社に日本中の神が集まるといわれている。出雲では「神在月《カミアリツキ》」と呼ばれ、出雲大社で「神在祭」が行われる。ところが、出雲大社の「神在祭」は本社だけでなく、大社町にある境外摂社「上宮《カミノミヤ》」でも同じ日に行われている。しかも、この社の祭神はスサノオと八百《ヤオ》萬《ヨロズ》の神々である。これは神々を招く主人がスサノオであることを意味している。

②出雲国造と熊野大神

杵築大社の創建よりもはるかに古い由緒と格式を有する神社が出雲国一の宮熊野大社である。

熊野大社は出雲族が出雲建国の英雄スサノオを祀った社で、元宮は熊野山のスサノオの神陵（磐座《イワクラ》）である。スサノオは出雲国の最高神として「熊野大神」の名で崇められた。出雲王国の崩壊後、出雲氏は出雲国の開祖スサノオを首長霊として祀ることにより、動揺する出雲を円滑に統治しようとした。したがって、出雲国造の本拠地は、熊野山をのぞむ意宇《オウ》郡大庭《オオバ》（松江市大庭町）の神魂《カモス》神社の

熊野大社

地にあったと思われる。現在、神魂神社はイザナキとイザナミを祀る社であるが、これは国造家が杵築へ移ってからのことで、『神国島根』（島根県神社庁）によると、神魂神社の前身は「熊野大神を遥拝する神祠《シンシ》」だったという。

ところが、七一六年に杵築大社が完成すると、出雲国造は大庭の地から西部の杵築の地へ移った。『出雲国造世系譜《セケイフ》』の果安の項に「伝に云《イワ》く始祖天穂日命《アメノホヒ》齋《イツキ》を大庭に開き、此に到て始めて杵築の地へ移すと云々」とあり、出雲国造が果安のときに意宇部大庭の地から杵築の地へ移住したことを記している。そして何よりも重要なことは、国造の移住に伴って国造の奉斎する神が、熊野大社のスサノオから杵築大社のオオナムチに変わったことである。この事実は出雲の最高神（首長霊）がスサノオからオオナムチにすり替えられたことを意味している。

しかし、出雲国造が古来熊野大神を奉斎していたことは、今も続く「古伝新嘗祭《コデンシンジョウサイ》」や「神火《オヒ》相続式《ツギシキ》」からも明らかである。

「古伝新嘗祭」は、国造が今年の神穀を神前に供え、自ら食して神恩に感謝するとともに、年々の国造の霊威のよみがえりをはかる最も重要な神事である。この神事は十三世紀頃までは出雲国造が熊野大社に出向いて行われていたが、現在は火をおこす神器の火燧臼《ヒキリウス》と火燧杵《ヒキリキネ》を毎年熊野大社から借り受けるのが古例になっている。

また、「神火相続式」は出雲国造の代替わりの際に行われる重要な儀式である。前国造が亡くなると新国造はただちに熊野大社（現在は神魂神社）に参向し、熊野大社の鑽火殿《サンカデン》から鑽《キ》り出した神火を相続して、この火で調理したものを神とともに食することによってはじめて国造となる。「火」は「霊《ヒ》」である。つまり、新国造は熊野大神（スサノオ）の霊（首長霊）を引き継ぎ、また体内に取り入れることによって国造として認められるということである。「神火相続式」でおこされた火はその後ずっと保管され、国造だけがその火で調理したものだけを食べ続ける。これらの神事や儀式は、出雲国の首長霊が熊野大神（スサノオ）であることをはっきりと証明している。

以上のことから、『記・紀』神話の成立と杵築大社の巨大な社殿の建立、そして出雲国造による杵築大社のオオナムチ祭祀と『出雲国風土記』にみられる「天の下造らしし大神」の称号は、当時の政治権力者（持統天皇と藤原不比等《フヒト》）の思惑と密接に繋がっていることをおわかりいただけたのではないだろうか。

3　大歳（年）神の実像

オオトシはスサノオの三男で、一五〇年頃出雲で生まれた。オオトシは農業の神、水（海）の神として、また各種産業の守り神として広く崇敬されている。一般に「年神《トシガミ》さま」や「恵方《エホウ》神」としてよく知られている神である。ところが、神々の伝承を詳しく調べると、オオトシは多くの神々と緊密な関係にあり、古代歴史の鍵を握る神と考えられる。以下さまざまな角度からオオトシ神の実像に迫りたい。

(1) 大歳神社の謎

①大歳神社の分布状況

オオトシを祀る大歳神社の分布には極めて特異な現象が見られる。小椋一葉氏の調査によると、大歳神社は兵庫県三八〇社、広島県七三社（島根県境に多い）、大分県三六社、島根県二一社、山口県一〇社など西日本に集中している。東日本には静岡県と岐阜県以外にはない。また、兵庫県の隣の大阪府には三社しか存在しない。

なぜ、兵庫県に異常に多いのか。

なぜ、兵庫県と大阪府に極端な差があるのか。

なぜ、西日本に限られているのか。

広島県に多いのは、島根県に隣接する地で、オオトシが早くから開拓のために出掛けてよく知られていたからであろう。大分県はスサノオの九州統治の本拠地が宇佐であり、オオトシは豊の国（豊前・豊後）の国魂《クニタマ》と仰がれた地である。山口県は出雲と北九州東部の遠賀《オンガ》川下流域との親密な関係から、オオトシが下関付近をたびたび行き来していたからと考えられる。

それにしても、兵庫県の三八〇社は驚くべき多さであり、土地のすみずみまでオオトシが祀られている。特に神戸市垂水区から加古川市・姫路市にかけての海沿いの地域と、姫路市から市川に沿って北上した神崎郡と隣の加西《カサイ》市などに集中している。

考えられるのは、一七〇年代後半に九州から東遷したオオトシ率いる軍団が、瀬戸内海を航行して姫路付近に上陸し、当時河内・ヤマトを支配していた先住民族ナガスネヒコと交渉するため、かなりの間この地に駐留したのではないかということである。次章2(3)をご覧ください。

オオトシの随伴氏族の中には、倭鍛冶《ヤマトカヌチ》の祖といわれる鍛冶・鋳造の専業集団がいた。彼らは出雲から大量の銅原料を持ち込んでいたので、駐留中にいくつもの銅鐸をつくったのではないだろうか。実際に兵庫県からは最盛期の銅鐸が数多く出土している。土地の人々は目もくらむような光り輝く銅鐸を見て鮮烈な衝撃を受けたに違いない。その後、彼らはヤマトの大王になったオオトシを偲び、深い畏敬の念から異常なほど多くの社をつくったものと思われる。尚、銅鐸については第3章2をご覧ください。

②オオトシとニギハヤヒ

兵庫県と大阪府の大歳神社数はそれぞれ三八〇社と三社で、その差は常識で考えられないほど大きい。隣接する二つの地域でなぜこんなに極端な違いがあるのだろうか。

注目すべきことは、オオトシが上陸した地（河内国哮ヶ峯《イカルガノミネ》）にある磐船《イワフネ》神社（大阪府交野《カタノ》市）の祭神名はニギハヤヒで、「天照国照彦天火明櫛玉饒速日尊《アマテルクニテルヒコアメノホアカリクシタマニギハヤヒミコト》」のフルネームで祀られていることである。

オオトシは兵庫県に駐留して先住民族の首長ナガスネヒコと交渉を進め、彼の妹（ミカシキヤ姫）を娶ることで決着した。そして、いよいよ念願の河内入りを果たすことになったオオトシは、名前を「ニギハヤヒ」に改めたと考えられる。オオトシの改名は、日本の統一に着手しようとする堅い決意と不屈の闘志の表われだったのではないだろうか。

数多くの大歳神社が西日本に限定されて東日本に存在しないということは、逆にいえばオオトシが西日本各地で輝かしい足跡を残した証しである。そしてニギハヤヒへの改名により、オオトシの名で東日本に足を踏み入れたことがなかったということである。したがって、この事実は「オオトシ」が確かに実在したことを証明するものといえるであろう。「オオトシはニギハヤヒの幼少名」と考えることで、神々の伝承に関する多くの疑問が解消する。この件についてはのちほど詳しく説明したい。

ところで、大歳神社の縁起・伝承はほとんど残っていない。そのうえオオトシに関する資料も異常に少なく、政治的な思惑から抹消された可能性が高い。

(2) 賀茂神の伝承

賀茂神社は賀茂別雷《ワケイカヅチ》神社（上賀茂神社）と賀茂御祖《ミオヤ》神社（下鴨神社）の二社を合わせて賀茂神社（以下、賀茂社）と呼ばれている。

京都市の賀茂（鴨）川と高野川の合流点の北一キロメートルのところに下鴨神社が、合流点から四キロメートルほど賀茂川を遡ったところに上賀茂神社がある。全国の賀茂（加茂、鴨）神社の総本社で、古来両社の祭礼、奉幣、行事などは同じ日に行われている。

祭神は上賀茂神社（以下、上賀茂社）は別雷《ワケイカヅチ》神、下鴨神社（以下、下鴨社）は建角身《タケツヌミ》命と玉依《タマヨリ》姫命である。

祭神については、『山城国風土記』逸文に「賀茂伝説」として次のように記されている。

「可茂社の神は日向国曽《ソ》の峰《タケ》に天降りした賀茂建角身命であり、その神は神倭石余比古《カムヤマトイワレヒコ》を先導して大和の葛木山に宿り、その地より山代国岡田の賀茂（木津川市）に移り、さらに木津川を北上して賀茂川上流へと到り、久我《コガ》国の北山基《キタヤマモト》に鎮座した。賀茂建角身は丹波国の神伊《カンイ》可古夜日売《カコヤヒメ》を娶り、玉依日子・玉依日売の男女が生まれた。

ある日、娘の玉依日売が石川の瀬見の小川で川遊びをしていると、丹塗矢《ニヌリヤ》が川上より流れ下り、取って床の辺りに挿しおいたところ、日売は男子を産んだ。成人して外祖父の賀茂建角身命が汝の父と思う人に酒を飲ましめよと言ったところ、その子は天に向かって昇天した。そこで建角身命はこれを賀茂別雷神と名付けた。実は彼の父は乙訓社《オトクニシャ》の火雷《ホノイカヅチ》神であった。」

つまり、下鴨社の祭神は上賀茂社の別雷《ワケイカヅチ》神の祖父と母ということになっている。タケツヌミは、オオナムチの子で別名アジスキタカヒコネといい、神武天皇をヤマトへ先導した「八咫烏《ヤタガラス》」と言われている。

桓武天皇は都を京都に遷すと、さっそく賀茂社を王城鎮護の社と定められ、以来、天皇の行幸は頻繁に行われた。

このように輝かしい歴史を誇る賀茂社だが、なぜ二つの社が存在するのだろうか。両社の創祀の経緯が曖昧で謎が多い。さまざまな伝承や古文献からその秘密に迫りたい。

①下鴨社の神

〈出雲族の一大拠点〉

三～四世紀の頃、鴨川と高野川の合流する地にある下鴨社の地域一帯は、出雲族によって開拓され、出雲族の一大拠点として多くの出雲族が住みついていたことが判明している。

『和名抄《ワミョウショウ》』には、出雲郷上里《カミサト》と出雲郷下里《シモサト》の地名があり、『正倉院文書』の「山背国愛宕《オタギ》郡雲上里計帳」や「同雲下里計帳」には多くの出雲臣氏の名が確認されている。出雲郷上里の領域は下鴨地域と高野地域に及び、出雲郷下里は洛中（現在の上京区）の広大な領域であったと記されている。

出雲族の拠点であった出雲郷には出雲族が産土神《ウブスナガミ》として祖神を祀る神社があった。それが出雲井於《イノヘ》神社と出雲高野神社である。いずれも『延喜式』神名帳に記されている古社である。出雲井於神社は出雲郷下里の産土神スサノオを祀っている。現在、この神社は下鴨社の表参道を抜けて楼門を入るとすぐ左側にある。おそらく、洛中からこの場所に移されたものと思われる。

ところが、出雲郷上里（下鴨・高野地区）に住んだ出雲族が産土神を祀っていたと考えられる出雲高野神社は所在不明となり、上高野の崇道《スドウ》神社の境内に再興されて今日に至っている。ちなみに、崇道神社は早良《サワラ》親王の怨霊を祀る社で「高野御霊《ゴリョウ》」とも呼ばれ、平安時代の御霊信仰のメッカとなった社である。

さらに、『和名抄』によると、出雲郷上里の北東に隣接する修学院・高野あたりから大原の山間地帯は小野郷と呼ばれ、ワニ氏の一族小野氏の根拠地であった。

下鴨社の神が降臨した地として「御蔭祭《ミカゲマツリ》」の神迎えの神事が行われる御蔭山は小野郷にあったが、『延喜式』神名帳に御蔭山の「御蔭社」の名は記されていない。一方、小野郷高野の地にあった小野氏の氏神を祀る「小野社」は『延喜式』神名帳に記されている。ところが、不思議なことに、この小野社もその後所在がわからず、出雲高野神社と同様に崇道神社の境内に再興されている。

　これらの状況から、小野社が御蔭社に改変されたのではないかと考えられるのである。賀茂社の創祀の歴史を考える上で、この事実を見逃すことはできない。出雲高野神社と小野社（御蔭社）は明らかにつながっている。下鴨周辺地域は出雲族とワニ氏の一族小野氏の勢力圏にあった。したがって、出雲郷上里に住む出雲族が奉斎した出雲高野神社は下鴨社の元宮と考えられ、出雲神オオトシが祀られていた可能性が高い。

〈下鴨社の創祀と祭神〉

　賀茂氏（賀茂《カモ》県主《アガタヌシ》）が葛城から山城へ移住した時期は五世紀後半頃といわれている。当然、賀茂神の祭祀もその頃始まったと思われる。三～四世紀頃に山城地域に進出した出雲族やワニ氏一族より一五〇年から二〇〇年ほど後の時代である。

　したがって、下鴨社の元宮と考えられる出雲高野神社の創祀が賀茂社（上・下）より古いことは確かである。奈良時代中期（七三〇年～七五〇年）に書かれた『山城国風土記』逸文の「賀茂の社」には賀茂伝説が記されているだけで、下鴨社の創祀や祭神の記載はない。そして、タケツヌミとタマヨリ姫は蓼倉《タデクラ》の里三井《ミイ》の社《ヤシロ》に祀られていたことが記録されている。

これらの状況から、奈良時代以降、賀茂県主は朝廷の特別の庇護を受けて賀茂社の祭祀権を握り、出雲高野神社を廃絶して下鴨社を創建し、また、小野社を御蔭社に改変したと推測できる。そして『山城国風土記』逸文の賀茂伝説にあわせて、三井の社に祀られていたタケツヌミとタマヨリ姫を下鴨社の祭神にしたのではないだろうか。

『方丈記』で有名な鴨長明《カモノチョウメイ》は『鴨長明四季物語』の中で、「下鴨社の祭神はオオヤマクイ神で、松尾・日吉と同じ神である」と記している。鴨長明は下鴨社の禰宜《ネギ》長継の次男で、五十歳まで神職にあった人物である。また、本居宣長《モトオリノリナガ》も『古事記伝』の中で「下鴨社の神はオオヤマクイ神である」という。

『群書類従』は極秘の事項として、日吉社の項に「祭神オオヤマクイは三輪のオオモノヌシと同体」、松尾社の項に「スサノオの御子オオトシは比叡《ヒエイ》（日吉社）や松尾（松尾社）の神オオヤマクイと同体」と記している。つまり、オオヤマクイは大神神社のオオモノヌシであり、オオトシのことであるというのである。オオヤマクイを祀る松尾大社の神体山（松尾山）は古くから「別雷山」と呼ばれてきた。松尾大社では「御田植祭」の神事が行われ、オオヤマクイは農耕（水）の神であり、酒の神として崇められている。これらの神性は大神《オオミワ》神社の大神（オオモノヌシ）とまったく同じである。

したがって、創祀の歴史や古文献からも、下鴨社の神は出雲神オオトシやオオモノヌシにつながと言えるのであろう。

②上賀茂社の神

『山城国風土記』逸文の「賀茂伝説」は「丹塗矢《ニヌリヤ》の神は乙訓社《オトクニシャ》の火雷神《ホノイカヅチ》で別雷神の父」と記している。ところが、『古事記』は「大山咋神《オオヤマクイ》（日吉大社と松尾大社の神）は大歳神の子で、鳴鏑矢《ナリカブラヤ》をもつ神」だという。

この丹塗矢と鳴鏑矢はともに神の化身であり、オオヤマクイとホノイカヅチは同じ神である。とすると、オオヤマクイとホノイカヅチはオオトシの子で、ワケイカヅチはオオトシの孫ということになる。

しかし、詳細に調べると、オオヤマクイとワケイカヅチは同じ神でオオトシの別名と考えられるのである。以下、その根拠を示したい。なお、本章3(3)「大歳神の伝承」も合わせてご覧ください。

〈大歳御祖皇大神《ミオヤスメオオカミ》と別雷皇大神〉

●大歳御祖皇大神

静岡市の別雷神社（祭神別雷神）の由緒書には、明治三九年に別雷神社に改変したが、往古は大歳御祖神社と称し、「大歳御祖皇大神」を祀っていたことが記録されている。つまり、ワケイカヅチ神は古くは「大歳御祖皇大神」と称されていたということである。「大歳御祖皇大神」とは、オオトシが「皇大神の御祖」つまり「皇祖神」であることを意味する。

同じ静岡市内にある第十五代応神天皇四年に創祀されたと伝わる大歳御祖神社の祭神も「大歳御祖命」である。古代の駿河国はヤマトから移り住んだ物部氏族が古くから支配した地域で、『新風土記』は第十三代成務天皇の御代にニギハヤヒの子孫（物部氏族）が駿河国造になったことを伝えている。おそらく、国造は出雲時代を偲び、祖神ニギハヤヒを「大歳御祖皇大神」の名で祀ったものと考えられる。「皇大神」の称号は消されているが、「大歳御祖神」の名でオオトシを祀る神社は日本各地にある。

●別雷皇大神

京都の賀茂神社は、桓武天皇が都を平安京に定められたとき山城国一の宮皇城鎮護の社と崇められ、「賀茂皇《スメ》大神宮」と称された社である。「皇大神宮」とは「皇大神《スメオオカミ》」を祀る宮のことである。ところで、水戸市で一番古い神社に「別雷皇太神」という名の神社がある。その神社名からワ

賀茂別雷神社 楼門

ケイカヅチが「皇大神」つまり「皇祖神」であることを読みとることができる。

それにしても、そもそも天皇家の祖霊神（皇祖神）を祀る上賀茂社の祭神が、なぜ、「人格神」ではなく「ワケイカヅチ」という「賀茂神話」の神なのだろうか。その不自然さは拭えない。

この二つの「皇大神」の称号から、ワケイカヅチはオオトシの孫ではなく、オオトシそのものと考えられるのである。

〈貴布禰《キフネ》（貴船）の神〉

上賀茂社の創祀は十代崇神天皇の御代（四世紀はじめ頃）と伝えられている。しかし、賀茂氏（賀茂県主《カモアガタヌシ》）がヤマトから山城へ進出したのは五世紀後半とされているので、上賀茂社を創祀したのは賀茂氏ではないということになる。ところが、賀茂氏が進出する以前から、山代には山代国　造《クニノミヤツコ》（山代直《アタイ》）がいた。『旧事紀』によると、神武天皇の御代にアタフリ命が、一三代成務天皇の御代にソノフリ命が山代国造になっている。ともに日向の隼人《ハヤト》族といわれた人達である。

彼らは山背国《ヤマシロ》愛宕郡《オタギ》の賀茂川上流地域（貴船・鞍馬）に住み、貴布禰神社を創始して地主神として貴布禰神を祀っていた。

『山城国風土記』逸文は賀茂社について、丹塗矢は賀茂川（瀬見の小川）の川上から流れてきたと記しているが、賀茂川の上流は貴布禰の地である。貴布禰社の奥社から湧く水は貴船川に注ぎ、やがて賀茂川の流れと連なる。したがって、丹塗矢は貴布禰の神と考えられるのである。

貴布禰社の祭神は、現在タカオカミ、クラオカミ、ミズハノメで祈雨、祈晴の水の神とされているが、以下の伝承から、タカオカミはスサノオ、クラオカミはニギハヤヒの象徴名であり、クラオカミはオオモノヌシやワケイカヅチの別名と推測できる。

●貴布禰神社（津山市）はタカオカミとクラオカミ他を祀る社である。由緒に「十代崇神天皇のときに山城国賀茂神社から勧請したもので、貴布禰大神宮とも称された」と記している。貴布禰神社の祭神が賀茂神社から勧請され、しかも勧請された神はワケイカヅチではなく、オカミ神である。つまり、賀茂社の神がもともと貴布禰の神であったことを伝えている。

●石船《イワフネ》神社（村上市）の祭神は、ニギハヤヒ、タカオカミ、クラオカミ、ミズハノメである。「石船」はニギハヤヒの「天《アマ》の磐船《イワフネ》」に由来する。その社に八〇七年貴船神が勧請され、長く「貴船大明神」と称されたと伝えている。これはニギハヤヒと貴船神（クラオカミ）が表裏一体の神である証しといえるであろう。

●大杉神社（稲敷市）は、オオモノヌシを祀る古社である。祭神は「あんばさま」と呼ばれ、利根川流域の水運交通の守護神・水の神・疫病除けの神として広く信仰されている。

●苕野《クサノ》神社（福島県浪江町）は、クラオカミ、イタケル、オオヤツ姫、ツマツ姫を祀る社である。延喜式内社で坂上田村麻呂の創祀と伝わる。主祭神のクラオカミは大杉神社のオオモノヌシと同様に「あんばさま」と呼ばれ、東北沿岸漁民の海上交通の守護神として崇められている。しかも、祭神はクラオカミとオオトシの兄と姉である。この社はクラオカミがオオトシでありオオモノヌシであることを告げている。

●貴布禰の神はヤマトの吉野にある丹生《ニウ》川上神社（上社、下社）の祭神と同じである。上社はタカオカミを祀り、下社はクラオカミを祀っている。ところが、『大倭《オオヤマト》神社註進状《チュウシンジョウ》』に「丹生川上神社は大倭（和）神社の別宮で、丹生川上神社の奉幣には大倭神社の神主が参向した」ことが記されている。大倭神社は日本大国魂《ヤマトオオクニタマ》大神（ニギハヤヒ）を主祭神に、八千矛大神（スサノオ）とミトシ大神を祀る社である。したがって、オカミ神とはニギハヤヒ（クラオカミ）とスサノオ（タカオカミ）の象徴名であると推測できる。

●大神神社のオオモノヌシは水神・蛇神・雷神の神性をもつ「丹塗矢」の神であるが、貴布禰の神も丹塗矢の神でオオモノヌシと同じ神性をもっている。
座田司氏は『賀茂社祭神考』で、「貴布禰の神はワケイカヅチの神であり、貴布禰社と賀茂社の関係はワケイカヅチを祭神とする奥宮と里宮の関係にあった」と記している。しかも、ワケイカヅチはオオトシ（オオモノヌシ）につながるのである。

ところが奈良時代以降、賀茂氏は朝廷の庇護のもとで急速に勢力を拡げて貴布禰社を支配下におさめ、貴布禰神の山の神・雷神の神性を上賀茂社の神にとり込んだものと考えられる。そのことは、平安時代に貴布禰社が一方的に賀茂社の摂社となり、江戸時代まで係争が続いたことからも明らかである。

貴布禰神と賀茂神の関係は「賀茂祭」(葵祭)の起源からも推測できる。『秦氏本系帳』の賀茂祭の記事によると、「賀茂神の祟《タタ》り」で天候不順が続いたので、馬に鈴をかけて猪の頭をかぶって駈ける祭を行った。すると、祟りがおさまって天候がよくなり豊作になったという。

もともと貴布禰の神は水の神であると同時に、貴船・鞍馬の山間部の土地神(山の神)であった。賀茂祭の始まりが「狩猟儀礼」にかかわる山部・山守の荒々しい祭であったことは、『続日本紀』の記事からも明らかである。「賀茂神の祟り」とあるが、祟ったのは賀茂氏の神ではなく山代国造が祀る山の神(貴布禰の神)であったにちがいない。つまり、賀茂祭は先住の山代国造らの狩猟儀礼が賀茂氏の進出で絶えていたのを復活したものと考えられるのである。したがって、賀茂祭の主は貴布禰の神といえるであろう。

ところが、平安時代に賀茂社は広大な社領を寄進された。一〇一八年の「太政官符《ダジョウカンフ》」には「出雲郷と上粟田郷(ワニ氏一族の居住地)は下鴨社の神領に、小野郷は上賀茂社の神領になった」ことが記されている。

古代、山代（城）地域一帯を開拓した出雲族やワニ氏一族そして隼人族の足跡は歴史の表舞台から消され、朝廷と親密な関係をもつ賀茂氏が賀茂社の祭祀権を完全に掌握したのである。

〈御生《ミア》れ（御阿礼）神事〉

賀茂社の鎮座と祭祀の根源となる最も重要な神迎えの神事に「御阿礼《ミアレ》神事」（上賀茂社）と「御蔭祭」（下鴨社）がある。この神事は往古「旧暦四月中《ナカ》の午日《ウマノヒ》」に行われていた。ところが、宮津市の籠《コノ》神社（祭神ヒコホアカリ命）の例祭（葵祭）も往古「旧暦四月中の午日」に行われた。また、そのご神幸は「御蔭祭」と呼ばれている。そして、これらの神事はいずれも欽明天皇の御代に始まったと伝えられている。さらに、日吉大社の「山王祭」の中で東本宮（祭神オオヤマクイ神）の最も重要な祭礼に「午《ウマ》の神事」がある。この神事は「御生れ祭」の原初形態を示すもので、やはり往古「旧暦四月中の午日」に行われていたのである。そして、賀茂社（上賀茂社・下鴨社）の賀茂祭と松尾大社・籠神社の例祭はともに「葵祭」と称されている。

神社にとって最も重要な神迎えの神事が、同じ日に行われていたことは偶然の一致ではない。祭礼の主である祭神が同じであることに由来すると考えざるをえない。つまり、ワケイカヅチ神やオオヤマクイ神、そしてホアカリ命は同じ神で、いずれもオオトシ神、つまりニギハヤヒ神の別名と言えるのではないだろうか。

(3) 大歳神の伝承

さらに、オオトシ（ニギハヤヒ）につながる神々の伝承を紹介したい。

●水主神社《ミヌシ》（城陽市）は延喜式内の古社で、天照御魂神（ニギハヤヒ命）を祀る社《ヤシロ》である。『山城名勝志』、『山城志』、『山城式社考』などに「水主神社　今綴喜《ツヅキ》郡水主村にあり別雷社と云即是也」と記されている。ニギハヤヒを祀る社が別雷社と呼ばれていたことは、ワケイカヅチがニギハヤヒの別名である証しといえる。

●鴨大神御子神主玉神社《ミコガミヌシタマ》（桜川市）は延喜式内社で、別雷神と大田田根子《オオタタネコ》を祀っている。「鴨大神」とはワケイカヅチのことである。そして「御子神主玉」とは、ワケイカヅチの御子で「神主の玉」と仰がれたオオタタネコという意味になる。ところが、オオタタネコは大神神社のオオモノヌシ（ニギハヤヒ）の直系の子孫である。つまり、この神社名はワケイカヅチがオオモノヌシ（ニギハヤヒ）であることを明確に示している。

●弥和《ミワ》神社（小浜市）は延喜式内の古社で、祭神は大歳彦明神である。伴信友は「三輪大歳彦明神と申して山の麓に神籬《ヒモロギ》の形ありて社なし。大和の大三輪神をここに祭れるなるべし」と記している。大神神社の神が「オオモノヌシ」ではなく「オオトシヒコ」である。この神社はオオモノヌシがオオトシ（ニギハヤヒ）であることを端的に伝えている。大神神社の神が「オオモノヌシ」になるはるか昔に勧請《カンジョウ》されたのであろう。

●荒見神社（城陽市）もニギハヤヒを祀る社である。『山城国風土記』逸文は「荒海（見）の社み名は大歳の神なり」と記し、ニギハヤヒはオオトシのことであるという。

●籠《コノ》神社（宮津市）は丹後国一の宮で、古来より「元伊勢《モトイセ》の社《ヤシロ》」と称されている由緒ある神社である。祭神はヒコホアカリ命を主神にトヨウケ大神とアマテラス大神他を祀る。由緒に「主神彦火明《ヒコホアカリ》命またの名天火明《アメノホアカリ》命、天照《アマテル》御魂《ミタマ》神、天照国照彦火明《アマテルクニテルヒコホアカリ》命、饒速日《ニギハヤヒ》命、又、極秘伝に依れば、同命は山城の賀茂別雷神と異名同神であり、その御祖の大神（下鴨）も併せ祀られているとも伝えられる」と記している。極秘伝は、主神ホアカリ命（ニギハヤヒ命）がワケイカヅチ神と異名同神で、下鴨社にも祀られていることを告げている。これらの伝承はこれまで紹介した伝承内容とも一致する。

　創祀以来、八十二代続く海部《アマベ》宮司家には日本最古の伝世鏡・辺《ヘ》津《ツ》鏡（前漢時代のもの）と息津《オキツ》鏡（後漢時代のもの）の二鏡がある。

　また、海部氏が保有する国宝「海部氏勘注系図」巻首に「海部氏の始祖彦火明命が天祖から神宝息津鏡と辺津鏡を授けられた」ことが記されている。

籠神社

ところで、ニギハヤヒがスサノオから授けられた「十種神宝《トクサノカンダカラ》」の中にも息津鏡と辺津鏡がある。ニギハヤヒ（ホアカリ）は授けられた二鏡を子のアメノカヤマに譲り、アメノカヤマの後裔（海部氏）が代々伝えた可能性も十分考えられる。

●大歳金山彦《カナヤマヒコ》神社（島根県川本町）はオオトシとカナヤマヒコを祀る社である。島根県には採鉱・冶金《ヤキン》・鍛冶《カジ》の神として知られるカナヤマヒコを祀る神社が非常に多い。弥生時代の原始製鉄は出雲族の手で行われ、出雲族の移動に伴ってその技術が各地に広まった。いわゆる「倭《ヤマト》鍛冶《カヌチ》」である。この神社はオオトシとカナヤマヒコが同じ神であることを示唆している。さらに、島根県各地の金刀比羅《コトヒラ》神社（境内社）でカナヤマヒコを祀る社が多い。本来、オオモノヌシを祀る金刀比羅神社がカナヤマヒコを祀っている。古くからオオモノヌシがオオトシのことであり、カナヤマヒコもオオトシの別名であることは広く知られていたようである。

●南宮大社（岐阜県垂井町）はカナヤマヒコ命を祀る社で、全国の鉱山・金属業の総本宮として篤い崇敬を集めている。興味深いのは、当神社の特殊神事として「田植祭」や「蛇山《ジャマ》神事」が行われていることである。つまり、カナヤマヒコは金属加工・鉱山のみならず農耕の神であり、蛇とゆかりのある神ということになる。結局、大神神社のオオモノヌシにつながる。

●中山神社（津山市）の祭神はカガミツクリノ神であるが、「南宮」と称せられていることからカナヤマヒコのことである。当神社の特殊神事にも「御田植祭」がある。しかも、この祭りは往古「旧暦四月中の午《ウマ》の日」に行われていた。「旧暦四月中の午の日」といえば、賀茂神社の御阿礼神事・御蔭祭、日吉大社「山王祭」の午の神事、籠《コノ》神社の御蔭祭が行われた特別の日である。

●鏡作坐《カガミツクリニマス》天照御魂神社（奈良県田原本町）の主祭神はホアカリ命である。当神社でも特殊神事として「御田植祭」が行われている。社は立春と立冬には三輪山山頂から昇る朝日と二上山に沈む夕日を拝する地にある。したがって、祭神は日神祭祀にかかわる神であり農耕の神である。

古代、採鉱、金属加工、製鉄に従事した人々は、「火」の根源を太陽の「日」に求めて日神を崇拝した。つまり、ホアカリ命は御諸山（三輪山）の大神のことで太陽神（日神）として崇められたのである。

これまで紹介した数々の伝承は、ワケイカヅチ（上賀茂神社）やオオヤマクイ（日吉大社・松尾大社）、

鏡作坐天照御魂神社

カナヤマヒコ（南宮大社）、カガミツクリ（中山神社）、アメノホアカリ（籠神社・鏡作坐天照御魂神社）、オオモノヌシ（大神神社・金比羅宮）もことごとくオオトシ（ニギハヤヒ）の別名であることを伝えている。

⑷「大物主神」の正体

これまで、数多くの神々の伝承と神社の祭神・神事の内容そして各種の文献から、オオトシ神の実像を追い求めてきた。その結果、「オオモノヌシ」とは出雲神オオトシ（ニギハヤヒ）のことであるとする多くの情報を得た。

以下、さらに別の角度から「オオモノヌシ」の正体に迫りたい。

①御諸山《ミモロヤマ》の大神

大神神社《オオミワ》（桜井市）のある三輪山は大和盆地の東南に位置し、青垣山の中でもひときわ秀麗な山である。大神神社に神殿はなく、拝殿と神門だけという神社の最も古い型態を残している。

大神神社の創祀は崇神天皇七年と伝わる。祭神はオオモノヌシでオオナムチとスクナヒコナが配祀されている。神体山の三輪山は往古「御諸山」・「三諸山」・「御室山」と呼ばれた。

ところで、御諸山（三諸山）ないし三輪山に関する『記・紀』の所伝は非常に錯綜している。

というのは、『記・紀』ではじめて「オオモノヌシ」の名が現れるのは崇神天皇条で、それ以前は「御（三）諸山上に坐す神」とか「意富美和《オオミワ》の大神」と記されているからである。そして重要なことは、「御諸山」についての所伝の多くでオオモノヌシは登場しないが、「三輪山」に関する所伝では、三輪山の神オオモノヌシのケースが多く、祭祀者が三輪氏だということである。

つまり、太古の昔から大神神社にオオモノヌシが祀られ、一貫して三輪氏による祭祀が行われていたのではないことを示唆している。

オオモノヌシが奉斎されるはるか以前から、御諸山（三諸山）は神の鎮まる山として崇敬されてきた。大神神社が「大神」と書かれるのは「大神《オオカミ》を祀る社」の意味であり、神体山である御諸山頂の奥津磐座《オクツイワクラ》が大神の神陵《シンリョウ》だからである。古代において「大神」といえば、大神神社の神のことであった。

大神神社拝殿

『日本書紀』は次のように記している。

神　代　巻：三輪山には神武東征はおろか出雲の国譲り以前に出雲の神がいたこと。

神武天皇条：神武東征以前に物部氏の遠祖ニギハヤヒがヤマトの地を治めていたこと。

崇神天皇条：「此の神酒《ミキ》は我が神酒にならず倭成《ヤマト》す大物主の醸《カ》みし神酒幾久幾久」の歌が
あり、オオモノヌシは倭を建国した神と讃《タタ》えられていたこと。

これらの記述からも、ヤマトを建国した三輪山の神オオモノヌシとは、出雲の神ニギハヤヒであると読み取ることができる。

②多《オオ》氏による御諸山祭祀

大神神社が創建される以前から、「御諸山上に坐す神」・「意富美和の大神」を祭祀した氏族がいた。それが多（意富・太・大）氏である。多神社は御諸山上に坐す神を祭祀（遥拝）するために創建された。以下にその根拠を示したい。

『古事記』に「多氏の祖神八井耳《カムヤイミミ》（神武天皇の御子）は皇位を弟に譲り神祇《ジンギ》を奉った」と記されている。この伝承は、古代ヤマト王権の「マツリゴト」（祭・政）において、天皇は「政」の代表者でカムヤイミミは「祭」の代表者になったことを告げている。したがって、多神社は古代ヤマト王権祭祀の原点であり、多氏は王権祭祀を掌る氏族であったことになる。

多神社

カムヤイミミが奉斎した神を裏付けるのが『常陸国《ヒタチ》風土記』である。風土記には、鹿島社（鹿島神宮）の神は「香島の天の大神」と記されている。ところが、この鹿島社の元宮は大生《オオ》神社で、多氏の一族がヤマトから常陸に遷り、多神社から勧請して創始されている。その祭神名が「天の大神」ということである。このことから、カムヤイミミが多の地で祭祀した神は「大神」と尊称されていた神、つまり「意富美和の大神」であることが証明できる。

ところで、多神社（田原本町）は奈良盆地の中央部にあり、飛鳥川に接して御諸山の真西に位置している。御諸山―多神社―二上山はほぼ東西に並び、春分の日と秋分の日に御諸山々頂から昇る朝日と二上山に沈む夕日を拝する日神祭祀に絶好の地にある。これは、御諸山が「日神信仰」の山であり、山頂の「大神」はヤマト王権の太陽神（アマテル神）であったことを意味している。

『古事記』によれば、神武天皇の皇后は三輪の大神オオモノヌシの娘であり、オオトシの娘はミトシ姫である。これまで述べたように、オオモノヌシとはニギハヤヒ（オオトシ）のことであり、皇后はミトシ姫ということになる（詳細は第4章をご覧ください）。つまり、カムヤイミミの母はミトシ姫で、カムヤイミミにとってニギハヤヒは母方の祖父にあたる。したがって、多氏と御諸山上の大神（ニギハヤヒ）とは深いつながりがある。多氏が意富氏・太氏・大氏と書かれるのは、御諸山上の皇祖神「意富美和の大神」を公式に祭祀する氏族だからであろう。

多氏は特別に神と人との間（ナカ）をとりもつ「仲臣《ナカツオミ》」と称された。仲臣の「臣」は姓《カバネ》の「臣」ではなく、「大忌《オミ》」の意味で祝《ハフリ》のことである。

天平二年（七三〇年）の『大倭国正税帳《オオヤマトコク》』によると、当神社の稲の累積貯蔵は大神神社の二・五倍あり、他の神社とくらべてずばぬけた経済力をもっていたことがわかる。

多神社の境内からは、弥生時代から六世紀中頃までの石器・土器・土師器《ハジ》・須恵器などが大量に出土している（多遺跡）。多遺跡は非常に祭祀的色彩の強い遺跡で、三輪山麓遺跡よりも古い祭祀遺物が見つかっている。したがって、多遺跡の御諸山祭祀が三輪山麓祭祀よりも古い時代から行われていたことは確かである。

③「オオモノヌシ」の祭祀

崇神天皇条の「三輪氏の始祖大田田根子《オオタタネコ》によるオオモノヌシの祭祀」の伝承は、後から書き加えられた可能性が高い。

なぜならば、大田田根子の出身地である和泉国《イズミ》陶邑《スエムラ》は、五世紀前半頃に朝鮮半島から渡来した職人集団がつくり始めたとされる須恵器《スエキ》生産の発祥地であり、三輪山とその周辺地域から出土している須恵器は六世紀代のものが多いといわれているからである。三輪氏と陶邑の関係から、三輪山出土の須恵器は三輪氏による「三輪山祭祀」に基づくものである。したがって、三輪氏が三輪山祭祀にかかわったのは六世紀中頃以降と考えられる。

三輪氏の祭祀に伴って、御諸山の「大神」は三輪山の「オオモノヌシ」に変身した。オオモノヌシへの祭神の変更は、『記・紀』神話の構想と密接につながっている。つまり、多氏による「日神祭祀」から三輪氏による「国つ神祭祀」にかわったことを意味する。

そして、新しい神祇《ジンギ》制度によって、皇祖神アマテラス（日神）を祀る社として伊勢神宮が整備されたのである。

④天王（大王）霊

「御諸山」は天皇（大王）の統治力の宗教的根源である「天皇（大王）霊の宿る山」の所伝や「皇位継承に関して重要な場」とする所伝を有している。『日本書紀』は敏達《ビタツ》天皇の御代、辺境で乱を起こした蝦夷《エミシ》の首長綾糟《アヤカス》らをヤマトに連れてきて、御諸山の天皇霊に天皇家への服従を誓わせたと記している。「天皇霊」とは「すめみま」として代々の天皇の身体をみたす「魂《タマシイ》」であって、日神の霊である。それが天皇の身体に宿ることによって、初めて「日の皇子《ヒミコ》」の資格が完成されるといわれている。その資格完成のための秘儀が大嘗祭《ダイジョウサイ》である。

大嘗祭は天皇が即位された年にのみ行われる日本最大のお祭りである。このお祭りには「造酒童女《サカツコ》」という童女が登場するが、大嘗祭前半の重要な神事はこの童女なしには始まらないといわれている。大嘗祭で奉斎される最高神は「秘中の秘」として誰にも知られていない。ところで、伊勢神宮正殿の中央床下に祀られている「心《シン》の御柱《ミハシラ》」祭祀にも、謎の童女「大物忌《オオモノイミ》」が重要な役割を担っている。

この天皇家の最大の行事ともいえる場面に登場する謎の童女「造酒童女」と「大物忌」の名は極めて暗示的である。「大物忌」の名はおそらく大神神社のオオモノヌシに由来するのであろう。また、「造酒童女」の名も「うまさけ」が三輪の枕詞《マクラコトバ》であったように、三輪の神と強いつながりをもっている。つまり、これらの童女は三輪の巫女《ミコ》の流れを汲んでいると考えられるのである。したがって、謎の童女が奉仕する神は「御諸山の大神」であると言えるのではないだろうか。

⑤二人のアマテラス

御諸山の大神（ニギハヤヒ）は、「天照神《アマテル》」として各地の天照神社で祀られている「太陽神」であった。ところが、伊勢神宮の女神も「天照大神」である。不思議なことに、日本には二人のアマテラスが存在している。しかしながら、本来のアマテラスが男神であることは、以下の伝承や事実からもいえるであろう。

三輪流神道は「伊勢と三輪は一体分身」とする。伊勢と三輪の神は同体というのである。また、能楽者世阿弥《ゼアミ》の作とされる能楽「三輪」では、三輪の神が女装して登場し玄賓《ゲンピン》僧都に「女婆や三輪の神　女婆や三輪の神」と語りかけ、「神代の昔話は衆生済度《シュジョウサイド》の方便」であったといい、「思へば伊勢と三輪の神　思へば伊勢と三輪の神　一体分身の御事今更何を磐座《イワクラ》や」と述べている。つまり、「伊勢と三輪の神が一体分身であることは今更改めていうまでもない」というのである。能楽「三輪」は天照大神が女性とする『日本書紀』の主張を根本的に否定している。この主張は当時世間一般に広く認められていたものと思われる。

密教を学び諸国を行脚《アンギャ》して多くの仏像を残した円空は、「天照皇大神《スメオオカミ》」の神像を数多く彫っているが、その像は長いあごひげをたくわえた男性で、激しい憤りをたたえた形相をしている。「天照皇大神」の神像が男性であることは、伊勢神宮の「心の御柱」祭祀における「大物忌」の存在や能楽「三輪」の内容とも符合する。

持統天皇の時代に神祇《ジンギ》制度は大変革した。神祇祭祀の諸施策が実施され、伊勢神宮の祭祀も持統期にほぼその骨格が固まった。持統天皇は伊勢神宮を「皇祖神天照大神」を祀る社として、天皇奉幣の神社の中で筆頭とした。時を同じくして、これまで内宮と外宮の二所の禰宜《ネギ》であった度会《ワタライ》氏は外宮のみの禰宜となり、内宮の禰宜には新たに荒木田氏が任命された。内宮の祭祀が度会氏から荒木田氏にかわったことは、内宮の神が「度会氏の祭祀していた神」から「天照大神」に改変されたことを物語っている。

六九二年に持統天皇は中納言三輪朝臣高市麻呂《ミワアソンタケチマロ》の猛反対を押し切って伊勢に行幸した。しかしながら、持統天皇以降明治にいたるまで、歴代天皇は「皇祖神天照大神」を祀るとされている伊勢神宮にまったく行幸されていないのである。

この事実だけでも、「皇祖神天照大神」が『記・紀』神話により創り出された神であることは明白であろう。

4　祟《タタ》る出雲神と御霊《ゴリョウ》信仰

ヤマト王権の成立以来、歴代天皇や上皇がたびたび行幸された神社がある。

それは、大神《オオミワ》神社、大和《オオヤマト》神社、石上《イソノカミ》神宮、住吉大社、賀茂神社、八坂神社、日吉大社、松尾大社、伏見稲荷大社そして熊野大社である。

これらの神社の縁起・伝承と祭祀氏族、祭神の神性と神事の内容そして各種の古文献を詳細に調べると、驚くべきことに、これらの神社の祭神は神名こそ異なるが、いずれも出雲の神スサノオとニギハヤヒの別名と考えられるのである。

スサノオとニギハヤヒの異名同神と推定される神名を以下に示したい。詳細は『古代ヤマト王権の縁起と伝承』(批評社)を参照ください。

スサノオ……大山祇《オオヤマツミ》神、（大）雷《イカヅチ》神、高龗《タカオカミ》神、（大）綿津見《ワタツミ》神、櫛御気野《クシミケヌ》命（出雲／熊野大社）、速《ハヤ》玉男《タマオ》命（熊野大社）、布都斯魂《フツシミタマ》大神（石上神宮）、（大）兵主《ヒョウズ》神、迦具土《カグツチ》（軻遇突智）神、八千戈《ヤチホコ》神（大和神社他）、八剣《ヤツルギ》神　他

ニギハヤヒ…大物主《オオモノヌシ》神（大神《オオヤマト》神社）、天照《アマテル》（魂《ミタマ》）神、大山咋《オオヤマクイ》神（日吉・松尾大社）、別雷《ワケイカヅチ》神（上賀茂神社）、火雷《ホノイカヅチ》神、闇龗《クラオカミ》神、綿津見神、事解男《コトサカオ》命（熊野大社）、布留御魂《フルミタマ》大神（石上神宮）、兵主神、日本大国魂《ヤマトオオクニタマ》大神（大和神社）、（底）筒男《ツツノオ》命（住吉大社）、宇迦之御魂《ウカノミタマ》大神（伏見稲荷大社）、金山彦神、鏡作神　他

『記・紀』には「祟《タタ》る出雲神」の伝承が数多く記されている。この祟る出雲神の伝承と頻繁に行われた天皇・上皇の行幸は密接につながっている。実際、天皇家の最大の関心事はいかに出雲の神々を鎮めるかにあった気配が濃厚で、この伝統は今日にいたるまで様々な形で引き継がれている。そのような時代背景のもとで「御霊《ゴリョウ》信仰」が広まった。スサノオ一族を祀る京都八坂神社の「祇園御霊会《ギオンゴリョウエ》」（現在の祇園祭り）に代表される神社のお祭りは、「御霊信仰」にその起源を求めることができる。

「御霊信仰」は突然起こったものではなくその起源は古い。『記・紀』によれば、十代崇神天皇の御代国内に疫病が大流行して、人民の多くが死んで国は大いに乱れたという。この時天皇の夢に三輪山の大物主大神が現れ、世の中が乱れているのは自分の意思（祟り）であり、大田田根子《オオタタネコ》と

いう人物に自分を祀らせるよう求めたという。大田田根子をさがし出して祀らせたところ、世の中が平穏になったと伝えている。祟りを鎮めるための祭祀という点で、「御霊信仰」に通じる。

また、賀茂神社の「賀茂祭」（葵祭）も起源は古い。『山城国風土記』逸文によれば、二十九代欽明天皇の時に天変地異がおこり、占ったところ賀茂神の祟りであることがわかり、馬を走らせ祭りをした。すると五穀豊穣となり天下も穏やかになったという。

「御霊《ゴリョウ》」とはただ単に人の霊をいうのではない。他人の悪意や裏切りによって陥れられ、また非業の死を遂げた人の怨霊であり、祀られることのない霊である。「祟り」は祟る側ではなく、祟られる側の心の問題である。罪のない人を陥れたことによって、人は自ら犯した罪の大きさに気づき祟りを恐れるのである。

「御霊信仰」は藤原氏の全盛期である平安時代に最盛期を迎えた。『記・紀』神話とその後の神祇行政によって、古代日本の歴史に燦然と輝くスサノオとニギハヤヒ（オオトシ）の事績は、ことごとく改竄・隠蔽されて闇の彼方に葬り去られた。ところが、その当事者は何よりも偉大な神々の祟りを恐れた。祭神名を変えて祀ったり、摂社・末社の祭神にしたり、あるいは「若宮」を創建して本来の神々をこっそり祀った。そして祟りを鎮めるために「御霊会」の祭りを盛大に行ったのである。

(1) 八坂神社

日本各地の八坂神社で「祇園祭り」が盛大に行われている。この祭りの始まりは京都八坂神社の「祇園御霊会」である。八六九年に疫病が流行した際、その原因が怨霊によるものとされ怨霊を鎮めるために行われた。八坂神社の祭神はスサノオとイナダ姫そしてオオトシを含む八人の御子である。八坂神社の祇園祭りは誰でも知っている。しかし、この祭りが歴史の表舞台から消されたスサノオ一族の怨霊を鎮める祭りであることは案外知られていない。

祇園祭りの荘重な神輿《ミコシ》は、六角屋根に鳥をあしらったスサノオの神輿と、四角屋根に宝珠のイナダ姫の神輿そして八角屋根に鳳凰が飾られた八人の御子達の神輿である。

古代日本の歴史の表舞台から消されて千数百年を経た今もなお、スサノオ一族の祟りを鎮めるお祭りが日本各地で盛大に行われ、人々の熱い祈りが捧げられているのである。

(2) 北野天満宮

菅原道真を祀る北野天満宮のお祭りは「北野御霊会」と呼ばれた。

道真は九〇一年、藤原氏の陰謀によって筑前の太宰府に左遷され、九〇三年、失意のうちに亡くなった。その後しばらくして、宮中への落雷や藤原一族の不慮の災厄が頻発する。パニックに陥った朝廷は道真の怨霊に恐れをなして、北野天満宮を建立し事態の収拾を図ろうとした。

それでは、菅原道真の怨霊とは何だったのか。

小椋一葉氏は『古代万華』（河出書房新社）の中で、次のように記している。

「道真左遷の理由は、単純に政治の権力抗争に巻き込まれたということではない。道真は文人として知られているが同時に歴史学者であった。八九二年に宇多天皇の命により『類聚《ルイジュウ》国史』を撰進し、さらに『三代実録』の編さん委員にもなっている。『三代実録』は清和・陽成・光孝天皇三代の事績を記したものである。

　この三代は藤原良房・基経父子の摂関政治の時代であった。道真は歴史書編さんの過程で『日本書紀』の批判も含めて、正しい歴史認識に基づいて編さんすることを主張したものと思われる。道真は藤原氏が支配する朝廷のタブーに挑戦したのである」

道真が左遷されたときに詠んだ歌がある。

「流れゆく　われはみくず（水屑）となりぬとも　君しがらみとなりてとどめよ」

この歌は、「藤原氏によって歪められた歴史書の流れを止めてほしい」という道真の熱い想いを宇多上皇に託す歌である。

天満宮のお祭りに「鷽《ウソ》替え神事」がある。この神事は「ウソを替えましょう」と呼び合うところに謎が込められている。道真の願いは「歴史のウソを替えよう」という願いであった。九州からおこった「ウソを替えましょう」という神事はいつしか「鷽」という鳥に託されて、各自の罪滅ぼしを願うことにすり替えられてしまった。

菅原道真は出雲国造家の野見宿禰《ノミノスクネ》の末裔である。野見宿禰は土師《ハジ》氏の祖で、この土師氏の後裔が菅原氏である。したがって、菅原道真は出雲族であった。だからこそ、『記・紀』によって歪められた古代日本の歴史を正そうとして、あえてタブーに挑んだのであろう。権力に立ち向かい歴史の改竄を正そうとした道真の想いは多くの人々の共感をよび、今もその痕跡をとどめている。それは、スサノオやニギハヤヒを祀る多くの神社に菅原道真が合祀され、両者の特別な絆が見られることである。

(3) 春日大社

① 春日《カスガ》大社の創祀

春日大社は藤原氏の氏神を祀る社《ヤシロ》である。縁起によると「創祀は七一〇年で藤原不比等《フヒト》が氏神と崇める鹿島神宮の神（タケミカヅチ）を春日の三笠山に迎えて春日神と称した」と記されている。

ところが、七二一年頃に編纂された『常陸《ヒタチ》国風土記』には、鹿島社（鹿島神宮）の神は「香島《カシマ》の天の大神」で、「タケミカヅチ」の名はまったく出てこない。しかも、鹿島社の元宮といわれる大生《オオ》神社は、関東に移住した多氏の一族がヤマトの多神社から祭神大神（御諸山の大神）を勧《カン》請《ジョウ》して創建された社である。つまり、鹿島社の神は御諸山の大神（ニギハヤヒ）であり、タケミカヅチではないということになる。

さらに、『常陸国風土記』は常陸国守になった藤原宇合《ウマカイ》（藤原不比等の子）によってまとめられたといわれている。もし、鹿島社の神が藤原氏の氏神と崇めるタケミカヅチであれば、『常陸国風土記』にその神名が記されないことはありえない。

以上のことから、春日大社の神は御諸山の大神（ニギハヤヒ）を「タケミカヅチ神」に名を変えて奉斎されたと考えられるのである。藤原（中臣）氏は強大な政治力を背景に、当時東国開拓と蝦夷制圧に絶大な神威を発揮していた鹿島・香取の神（ニギハヤヒ）を春日大社に迎えることにより、朝廷内での発言力を一層強めようとしたと考えられる。七六八年に春日大社の神殿が完成し、鹿島神として氏神タケミカヅチが第一殿に、香取神のフツヌシが第二殿に祀られた。

②ニギハヤヒの影

三世紀後半以降、春日の地を支配していたのはワニ氏の一族春日氏であった。春日や春日山の地名はすべて春日氏に由来する。ワニ氏は出雲の神サルタヒコを祖とする一族で、太古の昔から春日山には春日氏が奉斎する神がいた。その神とはワニ氏の遠祖ニギハヤヒである。

『万葉集』に神体山の三笠山（春日山）を詠んだ歌がある。

「大君（皇）の三笠の山の黄葉《モミジバ》は今日の時雨に散りか過ぎなむ」　大伴家持

「大君（大王）の三笠の山の帯にせる細谷川の音の清けさ」　詠み人知らず

三笠山の枕詞が「大君」（原語は「皇」「大王」）である。なぜ、万葉の人々は三笠山を「オオキミ」の山と詠んだのだろうか。それは、もともと、三笠山の神が「皇神《スメガミ》」だったからではないだろうか。

春日大社の参道入口にあたる左右の町に漢国《カンゴウ》神社と率川《イサガワ》神社がある。

両社は「五九三年大三輪君白堤《シラツツミ》が勅命により春日邑《ムラ》に社を建てた」と伝えられている。漢国神社はオオモノヌシを、率川神社は御子をはさんでオオモノヌシとタマクシ姫を祀る社である。この二社は、春日の地がオオモノヌシ（ニギハヤヒ）と強いつながりのあることを物語っている。

春日氏（ワニ氏）の中核氏族は北九州から東遷した志賀海族である。彼らは「牡鹿《シカ》の皇神《スメガミ》」と詠われたワタツミ神を奉斎した。それは鹿神ニギハヤヒのことであると考えられる。春日大社のシンボルも「鹿」である。また、「三笠山と月と鹿」は春日の神影とされている。

③春日若宮

春日大社に「若宮」が創祀されたのは一〇〇三年と伝わる。ヤマトでは春日若宮の人気は非常に高い。若宮の例祭は一般のお祭りと区別して「おん祭り」と称され、「ヤマト一国の大祭」として今日まで盛大に執り行われている。若宮の例祭は一一三六年に始まった。七月から種々の行事が重ねられ、一二月一七日にクライマックスを迎える。その日は若宮の神霊をお旅所に遷して夜半の神霊還幸まで神楽・田楽・猿楽・細男《セイノウ》・舞楽などの各種芸能が奉納される。春日大社で最大のお祭りである。若宮の神はアメノコヤネの御子アメノオシクモネとされている。ところが、この神は奈良県以外の神社ではほとんど祀られていない神で、ヤマト一国の祭礼の主とはとても思えない。

平安時代の中期以降、「祇園御霊会」や「北野御霊会」が各地に広まったが、春日若宮の創祀と「おん祭り」もまさにその時代に始まっている。しかも、若宮の創祀と「おん祭り」はともに興福寺（藤原氏）の主催で行われた。『栄華物語』のわかばえの巻には「御霊会の細男の手拭して顔隠したる」とあり、「おん祭り」が御霊会であったことを記している。では、誰の「怨霊」を鎮めようとしたのだろうか。

藤原（中臣）氏は奈良時代以降ヤマトの大王ニギハヤヒとその一族を歴史の表舞台から消し

春日大社若宮本殿

去った。しかし、「御霊信仰」が大きな広がりを見せる中で、藤原氏は大神（ニギハヤヒ）の怨霊を恐れて若宮をつくり、ニギハヤヒの御魂を祀ったものと推測できる。したがって、「おん祭り」はニギハヤヒの怨霊を鎮めるためのお祭りということになる。本宮の神でなく若宮の神のお祭りが「ヤマト一国の大祭」として行われていることからも明らかである。ヤマトの人々は若宮の神がニギハヤヒであることを知っていた。ヤマトの大王ニギハヤヒが春日若宮の神として甦った。だから、「おん祭り」は大王の復活を祝う多くの人々の熱意に支えられて盛大に行われるようになったのであろう。

「おん祭り」では金春《コンパル》流家元による「翁舞《オキナマイ》」が奉納される。この翁舞はオオトシ（ニギハヤヒ）と深いつながりがある。車大歳神社（神戸市）では一月一四日の御面《オメン》式に「車翁舞」が奉納される。また、京都市の大歳神社でも一〇月に行われる氏子祭に「翁舞」が奉納されている。オオモノヌシを祀る日吉大社の西本宮では、元旦祭の大戸開《オオトビラキ》神事で片山能太夫が謡曲「翁」をうたい、翁舞の調べで深奥の神扉が開かれる。

これらの神事は、オオモノヌシとオオトシ（ニギハヤヒ）が同じ神であることを告げている。

⑷ 伏見稲荷大社

全国の稲荷社の総本宮で、七一一年二月初午《ハツウマ》の日に鎮座したと伝えられる。

祭神はウカノミタマ大神を主神に、サダヒコ大神とオオミヤノメ大神が祭られ、ウカノミタマ大神はトヨウケ大神の別名とされている。

しかし、稲荷神にも多くの謎がある。伏見稲荷大社の「稲荷祭」は平安時代以降「稲荷御霊会」と呼ばれ、祇園御霊会や北野御霊会と同じように「御霊会」の祭礼が行われた。そして、祇園天王社（八坂神社）と伏見稲荷社の二社を対で行幸する「両社行幸」が後三条天皇の御代に始まり、歴代の慣例となって鎌倉時代まで続いた。これは明らかに怨霊鎮めのための行事である。

なぜ、「稲荷祭」が「御霊会」と呼ばれ、誰の怨霊を鎮めようとしたのだろうか。

各地の神社伝承から判断すると、奈良時代に総本宮が建てられるはるか以前から稲荷神として信仰されていたのはニギハヤヒ（オオトシ）であったと考えられるのである。

以下にその根拠を示したい。

- 稲荷の「お山参り」の源流に龍（蛇）神・雷神信仰がある。この神性は大神神社の大神（ニギハヤヒ）そのものである。
- 伏見稲荷大社の初午《ハツウマ》大祭（二月初午の日）に「しるしの杉」が参拝者に授与される。大神神社にも「しるしの杉」と称される杉のご神木があり、ニギハヤヒと杉の縁は極めて深い。
- 『山城国風土記』逸文に、「秦忌寸《ハタノイミキ》等の遠祖伊呂具《イログ》秦公《ハタノキミ》が餅を的にして矢を射たところ、その餅が白鳥と化して飛び翔《カ》けり、留まった山の峰に稲が生じた奇瑞《キズイ》によってイナリという社名になった」とある。この「穀霊白鳥伝承」は、オオトシ（ニギハヤヒ）を祀る亀山神社（福岡県小竹町）や佐美長《サミナガ》神社（志摩市）・伊奈久比《イナクイ》神社（対馬市）そして天照神社（宮若市）の白鳥伝承につながっている。

●稲荷神が男神か女神かという問題も重要である。

　東寺の縁起に「空海が東寺の南大門で会った稲を荷う老翁が稲荷の化身で『稲荷老翁』と呼ばれ、真言密教を守護すると誓約した」と伝えている。この縁起をベースにして「稲荷老翁の神影」が広まり、江戸時代に北斎の版画にもなっている。つまり、稲荷神はもともと男神だったことになる。

●伏見稲荷大社の重要な神事に「火焚《ヒタキ》神事」と「御神楽《ミカグラ》」がある。この神事は「ふいご祭り」とも呼ばれ、稲荷神が鍛冶・製鉄の神の神性を持つことに由来する。先に述べた通り、ニギハヤヒ（オオトシ）は「金山彦《カナヤマヒコ》神」や「鏡作《カガミツクリ》神」そして「天火明《アメノホアカリ》命」などの名で祀られている鍛冶の神である。夕刻、神前に庭燎《ニワビ》を赤々と焚いて荘重な旋律の「みかぐら」が奏される。それは本来の稲荷神への鎮魂の神楽ではないだろうか。

第2章　「古代出雲」の真実

1　古代出雲王国は実在した

古代史の謎を解く鍵は「出雲」にある。

これまで、出雲地域で目立った考古学上の発見がなかったため、『記・紀』神話の三分の一を占める出雲神話は絵空事《エソラゴト》にすぎないといわれてきた。しかし、直近の三〇年ほどの間にこのような認識を一変させる遺跡が、山陰地方（出雲・伯耆《ホウキ》・因幡《イナバ》）でつぎつぎに発見された。これらの遺跡は古代出雲王国が確かに実在したことを証明するだけでなく、古代史の謎を解く重要な内容を秘めている。

古代出雲王国は、邪馬台国やヤマトが建国される前の一世紀から二世紀に日本で最も影響力を持つ国に成長して、邪馬台国やヤマト建国を主導した可能性を否定できなくなってきたのである。これまでの出雲をめぐる古代史観は根底から覆された。したがって、古代出雲王国を正しく理解しない限り、邪馬台国やヤマト建国の歴史を解明することはできない。

ところが、多くの学者はこの考古学上の事実に目をつぶり、出雲は結局ヤマト朝廷に支配される存在でしかなかったとして、「古代出雲」を古代史の中で正当に位置づける作業をほとんどしていない。

出雲神話は単なるつくり話ではなかった。むしろ、神話の中に多くの貴重なヒントが隠されていたといえる。「古代出雲」とは何だったのか。発見された遺跡の内容から真実の出雲を探りたい。

⑴荒神谷遺跡（一九八四年発見）

銅剣三五八本、銅鐸《ドウタク》六個、銅矛《ドウホコ》一六本が同じ場所から出土。

〈銅剣〉


それまで全国で出土した銅剣の数（三〇〇本程度）をはるかに上回る大量の銅剣が一ヵ所から出現した。三五八本の銅剣は整然と四列に並べられた状態で発見された。

出土した銅剣はすべて同型の「中細形《ナカボソガタ》銅剣」（全長五〇センチメートル前後）である。出雲を中心に山陰地方に広く分布していることから、「出雲型銅剣」とも呼ばれている。この銅剣は北九州から出土する外来の「細形銅剣」（全長三〇～四〇センチメートル）とは型式も長さも異なっている。

同じ鋳型《イガタ》からつくられた同笵《ドウハン》の銅剣が四三組一一三本もあり、銅剣は同じ場所で同じ時期に鋳造されたと考えられる。

また、鋳型から取り出された後研磨されていない銅剣も見つかっている。製作後期間をおかず埋納されたことを考えると、出雲周辺でつくられた可能性が高い。

ところで、銅原料に含まれる鉛の同位体比の分析によると、中細形銅剣の銅原料は加茂岩倉遺跡から出土した銅鐸のうち新しいタイプの銅鐸（外縁付鈕《ガイエンツキチュウ》2式と扁平鈕式《ヘンペイチュウ》）の銅原料にかなり近いことが指摘されている。この銅原料は中国の前漢時代の華北の銅で、大陸との交易によって出雲にもたらされたと考えられる。したがって、銅剣がつくられたのは二世紀頃と推測できる。

これらの大量の銅剣は、出雲国を構成する豪族が権威の象徴として保有したもので、共同祭祀に使用されたと思われる。


〈銅鐸〉


六個の銅鐸はいずれも高さが二二〜二四センチメートルの小型の初期銅鐸といわれるものである。うち二個は国内で最も古い形式の菱環鈕式《リョウカンチュウシキ》銅鐸で、紀元前一世紀頃から紀元前後につくられたと考える。残り四個の銅鐸も菱環鈕式銅鐸の次に古いタイプのもので、外縁付鈕1式銅鐸と呼ばれている。その1号銅鐸は独特の珍しい文様をもち、鈕（つり手）の断面が「凸」の形をした国内でも例のない出雲独自の銅鐸である。つくられた時期は紀元前後から一世紀末頃とみられる。

ところで、北九州では鳥栖《トス》市の安永田《ヤスナガタ》遺跡や福岡市の赤穂ノ浦遺跡から石器の初期銅鐸の鋳型が発見され、銅鐸は北九州でつくり始められたことが確認されている。

しかし、北九州では銅鐸を用いた祭祀は普及せず、銅鏡や銅剣・銅矛《ドウホコ》・銅戈《ドウカ》が好まれた。そのため、銅鐸の製作技術は北九州と頻繁に交流していた出雲に伝わり、出雲地域で銅鐸がつくられるようになったと考えられるのである。

日本最古の形式の銅鐸が出土し、出雲独自の文様と形状をもつ銅鐸が見つかっていること、そして出雲独自の銅剣が大量に出土したことを考えると、やはり、これらの銅鐸も出雲地域でつくられたと考えざるをえない。

〈銅矛〉

銅矛はすべて佐賀県の検見谷《ケンミダニ》遺跡から出土したものと同型式で、北九州から持ち込まれたようである。

(2) 加茂岩倉遺跡（一九九六年発見）

銅鐸三九個が出土。

出土した銅鐸は、外縁付鈕《ガイエンツキチュウ》（1、2）式銅鐸から扁平鈕《ヘンペイチュウ》式銅鐸までの各形式の銅鐸が混在している。銅鐸の大きさ（高さ）はいずれも三〇～四八センチメートルで、初期銅鐸の後半から最盛期銅鐸にいたる中型の銅鐸である。

つくられた時期は、外縁付鈕2式銅鐸は二世紀初頭から二世紀末、扁平鈕式銅鐸は二世紀中頃から三世紀中頃と考えられる。

三九個のうち一四組二八個が、大きな銅鐸の中に小さな銅鐸を納める「入れ子」状態で見つかっている。同じ鋳型でつくられた同笵《ドウハン》銅鐸が一五組二六個あり、そのうち他の県から出土した銅鐸との同笵が一四個もある。その範囲は鳥取県、岡山県、兵庫県の近県はもとより、大阪府、徳島県、奈良県、和歌山県、岐阜県、福井県の広域に及んでいる。

西日本の広域に及ぶ同笵銅鐸の存在は、古代の出雲族がはやくも一世紀から二世紀に日本海ルートや瀬戸内ルートを通じてヤマトにいたる交易活動を活発に行っていた証しである。

銅鐸の鋳型片が見つかっていないので、つくられた場所は不明である。一般的には、近畿周辺でつくられたのではないかといわれている。

しかし、以下の理由から銅鐸は出雲地域でつくられた可能性が高いと考える。

- 荒神谷遺跡から出土した日本で一番古いタイプの初期銅鐸に続く各形式の銅鐸が揃って出土していること。
- 写実性に富む出雲独自の絵入り銅鐸が見つかっていること。
- 当遺跡から出土した銅鐸のうち比較的新しい二種類の銅鐸の銅原料が、荒神谷遺跡から出土した銅剣の銅原料にほぼ近いこと。

荒神谷遺跡と加茂岩倉遺跡の発見によって、弥生時代の出雲国は北九州地域と肩を並べる青銅器の保有国であることが判明した。したがって、「出雲」を抜きにして弥生時代や青銅器に関する諸問題を語ることはできないと言えるであろう。

(3) 四隅突出型墳丘墓《ヨスミトッシュツガタ》

弥生時代の後期（二世紀後半から三世紀前半頃）に出雲を中心に主として日本海沿岸地域でつくられた墳丘墓で、長方形や正方形の墳丘墓の四隅にヒトデの足のような奇妙な出っ張りを持っている。四隅突出型墳丘墓は二世紀はじめ頃広島県北部でつくられたが、出雲に伝わると四隅の突出部を拡げ、その裾まわりを貼石で飾る本格的なものに発展した。

このような特異な形をした墳丘墓は他の地域では一切見られない。この墳丘墓は、島根県二八、鳥取県二八、広島県一六、福井県・富山県各七他に分布し、全体で九一例確認されている。したがって、四隅突出型墳丘墓は、古代出雲の力が遠く北陸の地にまで及んでいたことを示す何よりの証拠であり、出雲国を中心とする共同体の共通のシンボルであったと考えられる。

島根県の四隅突出型墳丘墓は出雲郡と意宇《オウ》郡に集中している。なかでも、出雲市の西谷《ニシダニ》墳墓群は一辺の長さが最大六〇メートルという全国でも最大級の四隅突出型墳丘墓である。西谷3号墓からはおびただしい数の土器片・ガラス製の首飾り・勾玉などの玉類・鉄剣などが出土した。

土器は吉備の特殊器台や特殊壺をはじめ北陸・丹後など多くの地域から集まっている。

西谷墳墓群は出雲郡を本拠地とする祭司の首長神門《カンド》氏の墓と推定されるが、丘の上に並ぶ大型の四隅突出型墳丘墓群は神門氏一族による「神政国家」の存在を感じさせる。これらの出土品は、神門氏一族が北九州のみならず吉備や日本海沿岸地域と密接に交流して、巨大な富と権力を築いていたことを物語っている。

出雲の西谷墳墓群とほぼ同じ頃に吉備では楯築《タテツキ》墳丘墓がつくられた。そして、これらの墳丘墓がヤマトの箸墓《ハシハカ》古墳に大きな影響を与えるのである。

(4) 青谷上寺地《アオヤカミジチ》遺跡（鳥取市　一九八八年発見）

弥生時代前期（紀元前四〇〇年頃）から人が住み始め、弥生時代中期後半から後期（紀元前後から三世紀はじめ頃）に大いに繁栄した遺跡である。

遺跡は海岸まで一キロメートルほどの低湿地帯にあり、集落のすぐそばまで「潟《カタ》」が入り込む天然の良港で、水上交易の拠点として発展した。

出土品は極めて多彩で、想像を絶するほど量が多い。柱・屋根材や溝の護岸用矢板などの建築部材（七〇〇〇点）、農工具・漁撈具《ギョロウグ》などの精巧な木製品（九〇〇〇点）、さまざまな骨角製品（一四〇〇点）、金属器は鉄製品二七〇点、青銅器を合わせると四〇〇点以上、一〇〇体を超える人骨、殺傷痕や銅鏃《ドウゾク》のささった人骨十数体分、人骨のうち三体から弥生人の脳が見つかっている。大量の人骨は散乱した状態で埋もれ、傷ついた多くの人骨は治癒した形跡がなく、戦闘でそのまま亡くなった可能性が高いといわれている。

この遺跡の特徴は、北九州や日本海沿岸地域・吉備・四国・近畿など、広域に及ぶ地域にルーツをもつ遺物が数多く出土していることである。鉄製品のなかには朝鮮半島や中国大陸のものもある。したがって、出雲を中心に日本海沿岸地域がつながり、北九州や朝鮮半島を含む広域にわたる交易が行われていたことは明らかである。

村の中心部やその周辺では、掘立柱建物や区画溝の掘削・各種の木造構造物・矢板で護岸を施した溝などの大規模な土木工事が行われていた。

また、非常に精巧で美しい木製品や多種多様な骨角製品そして木製や石製・鉄製（鉄斧など）の農・工具が多数出土し、多方面にわたる「ものづくり」が盛んであった様子がうかがえる。

さらに、漁撈具の中には準構造船（船べりに舷側板を取りつけた大型の船）や丸木船をあわせて約五〇点の船の破片が出土し、海を舞台とした交易や漁撈活動が活発に行われたことを伝えている。

大量の鉄製品や青銅器の存在は、出雲地域の人々が北九州地域と同様に先進文化と高度な生産・加工技術をもっていた証しである。しかし、遺跡は三世紀中頃に大規模な争乱に巻き込まれて、突然衰退したと考えられる。

(5) 妻木晩田《ムキバンダ》遺跡（米子市 一九九八年発掘）

大山の麓の丘陵地帯にあり、吉野ヶ里遺跡の一・三倍という日本最大級の弥生集落である。環濠が集落を囲み、竪穴住居跡四〇〇棟以上、掘立柱建物跡五〇〇以上、四隅突出型墳丘墓を含む墳墓三四基が確認されている。また、十数メートルの高さをもつ楼閣《ロウカク》跡も見つかっている。楼閣は一辺八メートルの広さで、九個の柱穴の上に立てられていた。

この遺跡からは紀元前一世紀から三世紀前半頃までの遺物（土器・絵画土器・各種の石器・碧玉《ヘキギョク》製やガラス製の管玉《クダ》・青銅器・鉄器）が数多く出土している。なかでも、四〇〇点以上の大量の鉄製品が注目される。その多くは鉄斧《テップ》ややりガンナ・刀子《トウス》などの工具類で、木製品や建築部材の加工に使われたと思われる。鉄製品のなかには朝鮮半島や北九州製のもの、そしてこの地でつくられたものが混在している。

弥生時代の中期から後期に、これほど大量の鉄器を保有・生産していた地域は北九州地域と出雲地域だけである。ちなみに、近畿地方では弥生時代の遺跡から鉄製品はほとんど出土していない。鉄製品は農耕はじめ各分野の生産性を飛躍的に高め、人口の増加と地域の繁栄をもたらした。

遺跡の上からは日本海を見渡すことができ、かつて日本海からの「潟《カタ》」が入り込んだ地形が広がっている。

この遺跡も出雲王国の運命共同体として発展し、朝鮮半島を含む広域の交易活動と各種の「ものづくり」の拠点として大いに栄えたが、青谷上寺地遺跡と同じ頃衰退したようである。

2　古代出雲王国の盛衰

(1)スサノオの出雲統一

①神々の国「出雲」

出雲地域では紀元前後から数多くの部落が生まれ、二世紀はじめにかけて部落統合の動きが進んでいたと思われる。

古代、朝鮮半島東南部（新羅《シラギ》・伽耶《カヤ》）と日本海沿岸の諸地域（出雲・但馬・丹波・若狭・能登）は、日本海を介して密接に結びついていた。とりわけ、出雲は新羅に近く、新羅から渡来する人々は絶えなかった。彼らは稲作をはじめ先進の技術と文化をもっていた。

出雲地域の人々は渡来系の人々の新しい技術と文化を積極的に受け入れるとともに、一方で独自の青銅器・鉄器文化と神々を核とするゆるやかな共同体を創り出した。

出雲は神の国である。出雲の人々には農耕や海の祭りに根ざした強い宗教的結合があった。

荒神谷遺跡から出土した三五八本の銅剣はすべて同型で、きっちり四列に並んだ状態で見つかった。そして、四列の銅剣の本数は『出雲国風土記』に記されている地域毎の神社数と奇妙に符合することが指摘されている。

第一列は意宇《オウ》郡三四本（六七社《ヤシロ》）、第二列は島根半島の三郡一一一本（一一三社）、第三列は出雲郡一二〇本（一二二社）、第四列は西出雲の四郡九三本（九七社）で、合計三五八本（三九九社）である。意宇郡は奈良時代に政治の中心地になり、中央から移住した豪族が新たに神社をつくったため差がみられるが、これらの大量の銅剣は出雲国を構成する豪族が持ち寄ったもので、共同体の祭祀に使われたと思われる。

つまり、二世紀頃には出雲の多くの豪族はそれぞれの祖神を祀りながら、一方で荒神谷での「銅剣祭祀」を通して、ひとつの共同体を形成していたと考えられるのである。各豪族の保有する光輝く銅剣は権威の象徴であると同時に、共同体共通の「神」そのものだったに違いない。「剣神」の信仰は出雲文化を特徴づける習俗であり、石上神宮の剣神（布都魂剣）につながっている。

この「銅剣祭祀」を主導したのは、出雲郡を中心に西出雲地域に勢力を拡大していた祭司の首長神門《カンド》氏と神門氏から東出雲の管理をまかされた同族の出雲氏だったと思われる。その根拠は、『日本書紀』の崇神天皇条に出雲の首長として「出雲臣の遠祖出雲振根《フルネ》」が登場し、しかも出雲振根は「出雲大神の神宝を保有（管理）していた」と記されているからである。この人物は『出雲国風土記』の出雲郡健部《タケルベ》郷の条に登場する神門臣古祢《カンドノオミフルネ》と同一人物といわれている。荒神谷遺跡は神門氏の勢力圏の中の聖地とされる仏教山の近くにあり、加茂岩倉遺跡も近い。さらに、神門氏一族の墓と思われる西谷墳墓群は、出雲で最大規模を誇っている。したがって、西出雲地域を統括する神門氏が一世紀から三世紀前半頃の出雲の中心勢力だったと考えられるのである。

②オロチ退治の謎

スサノオは新羅《シラギ》系渡来人の後裔《コウエイ》で、一二〇年頃出雲で生まれた。

『記・紀』神話の中で最も代表的なものに、スサノオの「ヤマタノオロチ退治」がある。ところが、神々の世界に分け入りスサノオを詳しく調べると、これは単なる神話ですまされない重大な意味を秘めていることがわかる。

『古事記』の作者太安万侶《オオノヤスマロ》は序の中で、「スサノオがオロチを斬って櫛名田比売《クシナダヒメ》と結婚したことによってその子孫の神々が繁栄した」ということを記している。なぜ、太安万侶は「スサノオのオロチ退治」の伝承を序文の中でわざわざ言及したのだろうか。それは、彼がスサノオのオロチ退治を非常に重大な出来事として認識していたことを物語っている。つまり、「日本という国の形成がスサノオのオロチ退治から始まった」ことは、古くから知られていたため、この史実を無視できなかったのではないかということである。

オロチという大豪族を倒して砂鉄採集とタタラ製鉄を掌握したスサノオは、出雲地域の統一に向けて大きく動き出したと考えられる。

ところが、不思議なことに、『記・紀』よりも二〇年ほど後の七三三年に完成した『出雲国風土記』には「オロチ退治」の話が全く記されていない。『出雲国風土記』はなぜこの話について沈黙したのだろうか。『風土記』の編集責任者は国造の出雲臣広嶋《オミヒロシマ》であった。国造は出雲の生んだ偉大な英雄スサノオの記念すべき事績を、いくら何でも大蛇退治の神話にすることはできなかった。国造は出雲の人々の心情を鑑《カンガ》み、オロチ事件に一切ふれないことで朝廷と折り合いをつけたものと思われる。オロチ事件に対する沈黙は、歪められた史実に対する出雲の人々の無言の抵抗だったに違いない。

スサノオがオロチ討伐で使った「布都魂剣《フツミタマ》」は、出雲建国の象徴として出雲国の神宝になった。「オロチ退治」が単なる神話でないことは、イワレヒコ（神武天皇）がヤマトの大王家ミトシ姫との縁組のため東遷されたとき、この剣は決裂寸前の両者（ヤマトと日向）を和解させる重要な役割を果していることに示されている。そのため、この剣は「国平《クニム》けの神剣」と称された。

その後、「布都魂剣」はヤマトの石上神宮に遷り、明治七年神宮の禁足地から発見されている。

その時の調書には「神剣は総長八十九・六センチメートルの環頭内反の鉄刀で、中国の漢代の素環頭鉄刀と考えられる」と記されており、確かに実在した剣である。

また、スサノオがオロチから奪った剣は「天叢雲剣《アメノムラクモ》」のちに「草薙剣《クサナギ》」と呼ばれ、三種の神器のひとつとして熱田神宮に奉斎されている。この剣は出雲の王者のシンボルともいうべき宝剣であった。

スサノオのオロチ退治にまつわる伝承やゆかりの神社は出雲各地に残っているが、とりわけ加茂岩倉遺跡の周辺（加茂町と隣の木次《キスキ》町）に集中している。

斐伊《ヒイ》神社（大原郡木次町）はスサノオのオロチ討伐を記念して創祀された社である。大宮市にある武蔵国一の宮氷川神社は、五代孝昭天皇のときにこの斐伊神社から勧請されたといわれている。

③「日本初之宮・須賀」

大豪族オロチを討伐して製鉄集団を掌握したスサノオは急速に勢力を拡大した。二世紀中頃になると、スサノオは出雲共同体の「銅剣祭祀」を主導する神門氏や出雲氏と手を結んで「祭政分離」の体制を築き、共同体を構成する多くの豪族を統括するようになったと考えられる。

スサノオが最初に出雲統治の宮（政庁）を置いたのが大東町須賀の地である。現在須賀神社のある場所で、「日本初之宮　八雲立つ須賀神社」と称されている。「須賀」という地名は全国各地にあり、そこにある須賀神社にはスサノオとイナダ姫が祀られている。遠い昔、未開の地に移住して開拓に従事した出雲の人々にとって、スサノオは人々の営みを守る守護神であり心の拠り所であった。

「須賀」とともに全国各地に見かけるのが「須佐」という地名である。「須佐」の地にもスサノオを祀る須佐神社がある。この本社は簸川《ヒカワ》郡佐田町にあり「須佐大宮」と呼ばれている。宮司家はスサノオの末裔で、須佐国造としてこの地を治めたという。この地には「朝日たたら」など鉄生産の遺跡が多く、古くから貴重な鉄資源に恵まれた土地である。スサノオはここに出雲西南部統治の宮（支庁）を置いたと思われる。

(2) 出雲族の九州遠征

スサノオは強力なリーダーシップを発揮し、祭司の首長神門氏や出雲氏と連携して多くの豪族をまとめ、列島の開拓と統一の夢にむけて新たな一歩を踏み出した。古代出雲王国は土地が狭く寒冷の地である。渡来する人々を含めて急増する人口に対応するためにも、温暖で稲作に適した広い土地の確保が不可欠であった。

スサノオの率いる出雲族が九州に進出したという最大の根拠は、全国各地の中でもスサノオやオオトシ・イタケル・サルタヒコなどの出雲神を祀る神社が九州各地に広く分布し、今もなお開拓と統治を物語る数々の伝承を残しているからである。

古代、北九州地域は恵まれた地理的環境から、最も早く大陸の先進文化（稲作や青銅器・鉄器をはじめ各種の生産品）に接し、大陸との交易によって大いに繁栄していた。交易活動の指導者は成長して小国の首長になった。彼らは大陸との交易権をめぐる周辺の小国との競争や戦いを通して、商業と農業に基盤をおく「交易国家」に成長した。

ところが、交易国家の首長は大陸との交易により豊かな生活を享受することに満足して、領域を広げて統一国家をつくろうとする野心を持つことはなかった。そのため、北九州では多くの交易国家や小国が分立して、お互いに相手の国の内政に干渉しない形がつくられた。

それでも、一世紀中頃には有力な交易国家（奴国《ナコク》）が誕生し、二世紀に入ると伊都国《イト》を中心に交易国家連合が形成されたと考えられる。しかし、北九州地域の国家連合は先進文化をもつ国々の共同体であったが、グループ国の独立性が強く、「統一国家」建設の機運は生まれなかった。連合の目的は、グループ国の交易権の確保と交易上の利害調整にあり、連合体としてのまとまりを欠いていたようである。

以下、古い神社の縁起・伝承をベースに、スサノオ・オオトシ（ニギハヤヒ）父子と出雲族の足跡を辿りたい。

《第一次遠征》

スサノオは出雲の国を掌握した後、一五〇年頃に北九州の玄関口にあたる壱岐・対馬と下関そして北九州東部の洞海湾から遠賀《オンガ》川下流域に進出して、出雲族の橋頭堡《キョウトウホ》を築いた。

なかでも、大陸交通の要衝の地であり、さまざまな産業と文化の中継地であった対馬は、上対馬を中心にかなり早くから出雲族の支配下にあったと考えられる。スサノオは朝鮮半島から出雲に住みついた渡来系の人々を含む優秀な職能軍団を率いていた。

①壱岐……郷ノ浦町の物部郷には物部布都神社があり、古代古墳が数多く残っている。

②対馬……対馬の神社では出雲系の神々が圧倒的な割合で祀られており、出雲の勢力が古くから強く浸透していたことがうかがえる。とくに、以下の神社が注目される。

● 島大国魂《シマノオオクニタマ》神社（古くは島頭《シマノコウベ》神社と呼ばれた）（上対馬町）はスサノオを祀る社である。島大国魂とは対馬の開祖のことである。

● 島大国魂御子神社（上県《カミアガタ》町）の祭神はオオナムチになっている。しかし、中世には「日吉山王権現」と称されていることから、オオトシを祀る社と考えられる。

●阿麻氏留《アマテル》神社（美津島町）は天照魂《アマテルミタマ》神を祀る社である。
●伊奈久比《イナクイ》神社（上県町）はオオトシを祀り、対馬の稲魂と崇められている。

③遠賀川下流域（福岡県）……出雲族が早くから住みつき、古代物部族の拠点になった地域である。
（根拠）鞍手《クラテ》郡にある神社はほとんど出雲系で占められている。
●鞍手郡の古物《フルモノ》神社の祭神はスサノオで、境内社の布留御魂社はニギハヤヒを祀っている。（贄《ニエ》田《タ》物部の根拠地）
●天照《テンショウ》神社（宮若市）はニギハヤヒをフルネームで祀る社である。（弦田《ツルタ》物部・芹田《セリタ》物部の根拠地）
●亀山神社（小竹町）はオオトシを祀り、「大歳の社」と呼ばれた古社である。（狭竹《サタケ》物部の根拠地）祭神はその昔志摩国答志郡から白鶴に乗って飛来したという伝説が残っている。

〈遠賀川下流域の特殊性〉

北九州のなかでも遠賀川に代表される東側の地域は西側地域とは別の文化圏だった可能性が高いと言われている。

森浩一氏は「弥生時代中期以降の北九州の埋葬文化（大型甕棺《カメカン》や前漢鏡・後漢鏡そして青銅器の武器類を副葬する習俗）は北九州の西側地域のものである。ところが遠賀川流域では、中流域にある立岩遺跡（飯塚市）以外大型甕棺は少なく副葬品も貧弱で、弥生前期的な状況を継承して西側地域の習俗に見向きもしない感じである。また、出雲地域から出土する出雲型銅剣は九州の西側地域から出土する銅剣とは型式も長さも異なっているが、遠賀川下流域の岡垣町から出土した銅剣は出雲型銅剣とよく似ている」ことを指摘している。

このように、北九州の東・西地域間に埋葬の習俗や信仰に違いがあり、銅剣を介して出雲地域と遠賀川下流域がつながっていることは極めて重要である。それは「遠賀川下流域の古代物部族は出雲族」という視点とも合致する。

④宗像《ムナカタ》地域（福岡県）……遠賀川下流域の遠賀郡や鞍手郡は宗像郡に隣接し、出雲と宗像には多くの点で密接なつながりが見られる。

宗像神が降臨したと伝わる「六ヶ嶽《ムツガタケ》」は鞍手郡と宗像郡の境界にあり、その南麓にはニギハヤヒを祀る天照神社がある。宗像大社の伝承『宗像大菩薩御縁起』は、「宗像神は出雲の簸川《ヒカワ》からやってきた」と記している。また、『記・紀』神話は宗像三女神はアマテラスとスサノオの誓約《ウケヒ》によって生まれたという。

宗像神イチキシマ姫は出雲神サルタヒコやトヨウケ姫と一緒に祀られているケースが多く、出雲神と深い関係がある。そして、『肥前国風土記』や『日本書紀』によると、最初に宗像神を奉斎した氏族は物部氏族の水沼《ミヌマ》（間）君であった。ところが、五八七年に物部本宗家が滅んだため、水沼君にかわって宗像君が祭祀するようになったと伝わる。

　宗像氏はその祖を胸形君と称し、宗像海人族を統率した古代豪族である。『新撰姓氏録《シンセンショウジロク》』の宗形朝臣《アソン》条に「大神《オオミワ》朝臣同祖吾田片隅《アタガタス》命之後也」と記されている。大神朝臣はオオモノヌシ（ニギハヤヒ）の後裔で、アタガタスはワニ氏の祖である。つまり、宗像氏はオオモノヌシ（ニギハヤヒ）ゆかりの氏族であり、ワニ氏と同族ということになる。

　古代ヤマトにおけるワニ氏の本拠地（天理市和爾《ワニ》町）にある和爾坐《ワニニマス》赤坂比古《ヒコ》神社には、ワニ氏の祖アタガタスと宗像の神イチキシマ姫が一緒に祀られている。

　古代、宗像大社の沖津宮のある沖ノ島は、日本と朝鮮半島を結ぶ重要な海上ルートであった。宗像（神湊《コウミナト》）―（沖ノ島）―上対馬（比田勝）―朝鮮半島を結ぶルートは「海北道中」と呼ばれた。沖ノ島では縄文時代から平安時代初期にいたる遺跡や祭祀神宝が大量に発見されている。

　ところで、北九州から朝鮮半島に渡るには壱岐・下対馬（厳原《イヅハラ》）ルートの方が安全であった。『魏志』倭人伝は壱岐・対馬ルートを記すのみで宗像ルートを記していない。

　また、邪馬台国までの行程についても、狗邪《クヤ》韓国から対馬国・壱岐《イキ》国・末盧《マツラ》国（唐津付近）・伊都《イト》国（前原付近）・奴《ナ》国（博多付近）・不弥《フミ》国（宇美町付近）までで、不弥国の東側地域に関する記述がない。不弥国の東側の地域を代表するのは、宗像の領域であり遠賀川の流域である。

　このことからも、「倭人伝」交易ルート（北九州の西側地域）と宗像交易ルート（北九州の東側地域）との間に大きな壁があったことがわかる。つまり、倭国と朝鮮半島を結ぶ二つの交易ルートは、壱岐・対馬ルートを北九州西側地域の交易国家が、宗像ルートを出雲族と宗像族が、それぞれ占有していたと考えられるのである。

《第二次遠征》

一七〇年頃、スサノオ率いる出雲族は壱岐・対馬の海人族や北九州遠賀川下流域の古代物部族をあわせ、大挙して北九州西部の交易国家諸国に侵攻した。

『後漢書』は「桓帝・霊帝の間（一四七〜一八九年）」、『梁書』は「霊帝の光和年中（一七八〜一八四年）」に倭国に大乱があったことを記している。この「倭国」とは九州地域のことであり、「倭国大乱」はスサノオ率いる出雲族の九州侵攻によってひき起こされたと考えられるのである。

鉄器で武装した出雲族は、交易国家連合の首長国である伊都《イト》国を制圧して、倭国連合の覇権を握った。

北九州市と福岡市にスサノオとその一族を祀る小倉の八坂神社と櫛田《クシダ》神社がある。それぞれ「小倉の祇園」・「博多祇園山笠」の名で知られ、「祇園祭」は今も盛大に行われている。

北九州を制圧した出雲族は春日市、筑紫野市、久留米市に遠征した。

①筑紫《チクシ》の国魂「白日別《シラヒワケ》」

太宰府《ダザイフ》市に隣接する筑紫野《チクシノ》市に筑紫《チクシ》神社がある。祭神は白日別《シラヒワケ》尊・五十猛《イタケル》尊・大屋津姫命他を祀る。九州は古代「筑紫」と呼ばれた。神社の記録に「九州を筑紫という称は白日別命の神号より起こった。筑紫の国魂である」と書かれている。つまり、「筑紫神・白日別命」の神号「筑紫」が、その後の九州全体の呼び名になったということである。

この偉大な九州の国魂（開祖）「シラヒワケ」とは誰だろうか。ところが、「シラヒワケ」と一緒に祀られているイタケルとオオヤツ姫はスサノオの子である。したがって、「シラヒワケ」はスサノオであると推定できる。

筑紫野市の隣町佐賀県基山《キヤマ》町にはイタケルを祀る荒穂神社があり、イタケルの「契り山伝説」が残っている。イタケルはスサノオの二男で、九州から和歌山に至る各地に「木」を植えて回った「木の神」である。そして、スサノオとともに九州で活躍した痕跡を数多く残している。

「シラヒワケ」を祀る温泉神社が、長崎県の雲仙岳をとりまく三ヵ所にある。どの社も祭神は白日別命・豊日別《トヨヒワケ》命・建日別《タテヒワケ》命・速日別《ハヤヒワケ》命・豊久士比泥別《トヨクシヒネワケ》命で、いずれも「四面宮」と通称され、「筑紫国魂神社として九州九ヵ国の鎮守の神である」と記されている。

②「豊日別《トヨヒワケ》」

温泉神社（筑紫国魂神社）でシラヒワケと一緒に祀られている「トヨヒワケ」の伝承をまとめたい。

「トヨヒワケ」とは文字通り豊の国（豊前・豊後）の国魂のことである。豊の国には、草場神社（行橋市）や闇無浜《クラナシハマ》神社（中津市）などトヨヒワケを祀る古社が多い。この「トヨヒワケ」がオオトシ（ニギハヤヒ）の別名であることは、以下の内容から推測できる。

中津市山国町の大歳《オオトシ》神社に合祀《ゴウシ》されている国魂《クニタマ》社は古くから「豊前坊《ブゼンボウ》」と呼ばれていたが、この「豊前坊」とは、福岡県田川郡の英彦山《ヒコサン》神宮の摂社高住神社のこととされている。現在の祭神は天火明《アメノホアカリ》命他五柱だが、『英彦山神宮史』に、祭神は天火明命と明記されていたという。

つまり、豊の国の国魂社の祭神（トヨヒワケ）はアメノホアカリということになる。そして、アメノホアカリとはオオトシの別名である。

草場神社は「豊日別宮《トヨヒワケグウ》」とも称された。この神社の収蔵庫から宇佐宮の「放生会《ホウジョウエ》」の記録など多くの古文書が見つかっている。その中に、宇佐宮の「行幸会《ギョウコウエ》」の際、朝廷は勅使《チョクシ》を立てて官幣を豊日別宮に奉納し、田川郡の採銅所で宇佐宮に奉納する宝鏡を鋳造した。その折採銅所に勅定される仮宿殿・神宿殿・勅使殿などの建物の記録の中に、「天照大神神殿一宇茅葺（古史伝天照国照彦火明命）」がある。この伝承は「アマテラス＝アメノホアカリ＝トヨヒワケ」を裏付けるものである。

さらに、中津市耶馬溪《ヤバケイ》町にある八坂神社の祭神が、スサノオ尊、トヨヒワケ命、トヨウケ大神である。山国川の上流地域（中津市耶馬溪町・山国町）にはオオトシを祀る社が密集している。したがって、スサノオ・トヨウケ姫と一緒に祀られている「トヨヒワケ」の神は「オオトシ」以外考えられない。

「白日別《シラヒワケ》」の伝承は少ない。しかし、

●福岡県から佐賀県・大分県・長崎県に及ぶ広い地域で、スサノオ父子を祀る神社が圧倒的に多いこと。

●スサノオ・イタケル・オオトシらの開拓と統治を物語る伝承が各地に残っていること。

●「シラヒワケ」の本宮である筑紫神社で、「シラヒワケ」がスサノオの子イタケル・オオヤツ姫と一緒に祀られていること。

●雲仙の温泉神社（筑紫国魂神社）で「シラヒワケ」と一緒に祀られている「トヨヒワケ」がオオトシであると推測できること。

以上のことから、筑紫の国魂「シラヒワケ」がスサノオであることは明らかであろう。そして、「筑紫の国魂」にふさわしいスサノオの足跡は、この後も到る処で見られるのである。

③出雲族（古代物部族）の拠点

〈久留米周辺地域〉

筑前を支配した出雲族は筑紫平野に進出した。筑紫平野の中心に位置する久留米周辺地域には、ニギハヤヒ（オオトシ）を祀る社が多い。後に古代物部氏の根拠地になっていることから、オオトシの率いる部隊がしばらくこの地に駐留したものと思われる。

●高良《コウラ》大社（久留米市）は筑後国一の宮で、筑紫平野と筑後川の流れを一望する要害の地にある。祭神は高良玉垂命《コウラタマダレ》と豊比咩《トヨヒメ》他である。高良玉垂命についてはさまざまな説がある。しかし、祭祀氏族が大祝《オオハフリ》物部氏、小祝阿曇《アズミ》氏であることから、主祭神は物部氏の祖ニギハヤヒ（オオトシ）と考えられる。

摂社《セッシャ》に高良御子《ミコ》神社がある。祭神の玉垂宮御子神は、ヤマトの大和《オオヤマト》神社や近江の日吉大社の事例からサルタヒコを想起させる。また、末社の琴平神社、稲荷神社、愛宕《アタゴ》神社、伊勢御祖神社、厳島神社にはニギハヤヒとゆかりの深い出雲の神々が祀られている。

高良大社（上宮）と同時期に創祀された高良下宮社（久留米市）も高良玉垂命を祀っているが、左右に素盞嗚《スサノオ》神社と幸《サイ》神社がある。祭神はスサノオとサルタヒコで、ニギハヤヒと特別縁の

高良大社

深い神である。

高良山は古くから金・銀・銅・鉄を産出し、「高良《タカラ》の山」と称された。この地を支配していた物部族がその採掘にかかわっていたことも知られている。『筑後国神名帳』は筑後地方に十社の物部神社があったことを記しており、物部氏がこの地にひろく居住していたことは確かである。

●伊勢天照御祖《ミオヤ》神社（久留米市）は天火明命《アメノホアカリ》を祀っている。由緒に「創建年代不詳『太宰管内《ダザイカンナイ》志《シ》』には社号を天照御祖神社と称するのは、伊勢に鎮座の天照大御祖神を祀る意である」と記されている。つまり、祭神アメノホアカリ（ニギハヤヒ）は伊勢のアマテラス大神であることを伝えている。

久留米に隣接する肥前国三根郡（佐賀県みやき町）には物部郷があった。郷内の物部神社は物部経津主《フツヌシ》神を祀っている。そのすぐ西方が弥生遺跡で有名な吉野ヶ里遺跡である。

〈筑後川河口付近と有明海周辺地域〉

この地域にもスサノオ一族を祀る神社が集中している。

十二代景行天皇が筑紫に遠征された時に創祀されたと伝わる櫛田《クシダ》宮・高志《タカシ》神社・冠者《カンジャ》神社（神埼市）そして白石八坂神社（白石町）は、いずれもスサノオを祀る社である。

●稲佐神社（白石町）は有明海をのぞむ杵島《キシマ》山のふもとにある。祭神は天神・五十猛《イタケル》命・大屋津姫命である。縁起に「天神はその昔この地にやって来て国を創造された大神・稲佐大明神のことで、彼が着岸した所を焼天神といい、北御所に今も小祠《ショウシ》があり御園《ミソノ》天神と呼ばれている。また、イタケル命は韓国より帰国されたとき、全山に植林して農耕開拓の道を教えられた。よって住民はその神徳をたたえて天神の社にイタケル命と妹のオオヤツ姫命を合祀し三所大明神として崇敬した」と伝える。

大昔この地にやって来て国を創造された「天神」のちの「稲佐大明神」とは、もちろんスサノオのことである。スサノオとその子イタケル・オオヤツ姫の活動の息吹きがはっきり語りつがれている。

有明海に面したこの付近がスサノオの九州西部統治の一大拠点であったと考えられる。船で有明海の沿岸に上陸しているため、周辺地域の佐世保・諫早《イサハヤ》・島原などにもスサノオ一家ゆかりの神社が多い。佐世保市の須佐神社や速来宮《ハヤクグウ》はスサノオを祀り、諫早市にはオオトシを祀る神社が七社も集中している。また、島原市の猛島《タケシマ》神社は島原領内の総社として崇敬された社で、イタケルとオオヤツ姫を祀っている。イタケルの活躍がよほど印象深かったのか、島原の古称は「イタケル島」だったと伝わる。

〈周防灘に面した地域と大分県北部地域〉…九州統治の都・宇佐

高良山に拠点をつくり筑後川流域を支配した出雲族は、日田から中津・宇佐に侵攻した。スサノオは宇佐に九州統治の宮（政庁）を置き、「邪馬台国」の礎を築いた。この地域にはスサノオとオオトシを祀る神社が非常に多く、スサノオ父子がこの地と格別深いつながりのあることがわかる。

オオトシは豊の国（豊前・豊後）の国魂の神として、草場神社（行橋市）や闇無浜《クラナシハマ》神社（中津市）で「トヨヒワケ」の神名で祀られている。

さらに、山国川の上流地域（中津市耶馬溪《ヤバケイ》町・山国町）には、大歳祖《オオトシオヤ》神社や大歳神社、歳殿《トシドノ》神社、歳神《トシガミ》神社、歳《トシ》神社など、さまざまな神社名でオオトシを祀る社が密集している。

中津市にはスサノオを祀る貴船神社が多く、市内の神社の半分近くはスサノオを祀る社である。また、スサノオ一族を祀る八坂神社は「中津祇園祭」の名で知られる。

●宇佐神宮（宇佐市）の謎

不思議なことに、宇佐周辺地域で圧倒的な崇敬を受けるスサノオ父子が、宇佐神宮の本宮に祀られていない。祭神は一之御殿　八幡《ハチマン》大神（応神天皇）、二之御殿　比売大神（宗像三女神）、三之御殿　神功皇后である。

〈第一の謎〉八幡大神（応神天皇）

そもそも、初代神武天皇以来歴代天皇の中で王城鎮護の神として大社に祀られた天皇はいない。橿原《カシハラ》神宮の神武天皇・近江神宮の天智天皇・平安神宮の桓武天皇でさえ、いずれも明治になってからの創祀である。ところが、応神天皇は欽明天皇の時代に突然「八幡大神」として出現した。これには蘇我氏が大きくかかわっている。欽明天皇は応神天皇の後裔であり、蘇我氏は神功皇后の片腕として応神天皇の擁立に心血を注いだといわれている武内宿禰《タケノウチノスクネ》の子孫である。

蘇我氏は新たに伝来した「仏教」を錦の御旗にして、物部氏の「神・ニギハヤヒ」に対抗しようとした。「神か仏か」、政治と宗教が不可分に結びついていた古代では、両氏の存亡をかけた争いに発展した。五八七年物部本宗家は敗れ、歴史の表舞台に躍り出たのは蘇我氏と仏教である。蘇我氏は欽明天皇の祖「応神天皇」に仏教的装いを施して、宇佐神宮の神「八幡《ハチマン》大菩薩《ダイボサツ》応神天皇」を出現させた。ところが、蘇我氏は六四五年乙巳《イッシ》の変で滅亡した。

その後、藤原氏の権力掌握と神仏習合思想の影響を受けて、宇佐神宮の神・応神天皇は律令国家の主として「国家神」に転身したのである。以上から、「八幡大神　応神天皇」が政治的な背景のもとに生まれたことは明らかであろう。

宇佐神宮は往古「八幡《ヤハタ》の神」、「八幡《ヤハタ》大神宮」と称されていた。

宇佐神宮の『託宣集』に、八幡神の起源について「辛国《カラクニ》の城に始めて八流の幡《ハタ》と天降って吾《ワレ》は日本の神と成れり」という一文がある。「辛国の城」とは朝鮮半島からの渡来人が生活する地域のことである。「八幡《ヤハタ》神」の原点は神の依代《ヨリシロ》である八流の幡《ハタ》にある。したがって、宇佐神宮の神は「ハチマン神」ではなく「ヤハタ神」であろう。

八幡《ヤハタ》神は新羅《シラギ》系渡来人の辛嶋《カラシマ》氏が祭祀する神である。辛嶋氏の祖神はスサノオであり、本来の八幡神はスサノオであると思われる。

(第二の謎) 比売大神

社記は二之御殿の比売大神を「宗像《ムナカタ》三女神」としている。しかし、日本各地の神社で宗像三女神を「比売大神」の名で祀っている事例はない。

大和岩雄氏は、「辛嶋氏のヤハタ神の本源は豊前の香春《カワラ》岳にある。香春採銅所の古宮八幡神社の古宮とは、宇佐神宮の元宮のことで八幡宮発祥の地という意味である」と記されている。宇佐神宮最大の祭事である「放生会《ホウジョウエ》」では、香春岳の銅で作られた神鏡が古宮八幡神社から宇佐の和間浜《ワマノハマ》まで巡行する。

古宮八幡神社と香春《カワラ》神社の主祭神は豊比売《トヨヒメ》命である。両神社は宇佐神宮との関係が深く、トヨヒメと宇佐神宮の比売大神のつながりは無視できない。

さらに、香春神社の「カワラ」と高良山の「コウラ」は、ともに天香具山につながる「カル・

カグ」から派生した言葉で、「金属・冶金」に関連する名である。香春神社の地では銅の採掘・精錬が行われ、高良山は鉄の産地として知られている。そして、高良大社の祭神も豊比《トヨヒ》咩《メ》である。

要するに、香春神社・古宮八幡神社そして高良大社の「トヨヒメ」は同じ神で、トヨウケ姫の別名と考えられる。なぜならば、トヨウケ姫は「埴《ハニ》」の神として、埴山《ハニヤマ》姫や埴夜須《ハニヤス》比売の名で祀られているからである。

「埴《ハニ》」とは粘土・赤土のことで、土の神・田の畦《アゼ》や川の堤などの守り神であるが、粘土は熔鉱炉の材料であり、採鉱や鍛冶集団からも崇められている。また、トヨウケ姫の別名である丹生都比売《ニウツヒメ》の「丹《ニ》」も赤土・朱を意味している。

以上から、二之御殿の比売大神とは、スサノオ以来再び宇佐の地に邪馬台国の宮を置いたトヨ（トヨウケ姫）だと考える。したがって、もともと宇佐宮に祀られていた神は、「八幡《ヤハタ》大神スサノオ」と「比売《ヒメ》大神トヨウケ姫」ではないだろうか。

なお、宇佐神宮の奥宮といわれる摂社の大元《オオモト》神社は大元山に鎮座している。祭神は本宮と同じとされているが、本来の祭神は「豊の国魂」と仰がれたオオトシだったに違いない。

なぜならば、島根県に数多くある大元神社の祭神は国常立命《クニノトコタチ》の名で祀られたオオトシだからである。

〈第三の謎〉「宇佐鳥居」

宇佐神宮の鳥居は独特の形式で「宇佐鳥居」と呼ばれている。丹塗りで上の笠木に檜皮葺《ヒワダブキ》の屋根が付いている。柱の上部に黒い輪があり、根本に腰ばかまがある。鳥居に屋根があるのはかつて人が住んだ「宮」であったことを示すシグナルで、朱の柱にはめられた「黒い輪」は喪章であろう。「宇佐鳥居」は正史から消された邪馬台国の政庁（宮）の門にふさわしい。また、宇佐神宮は出雲大社と同じ「四柏手」で、スサノオの怨霊を封じる社と考えられる。

宇佐神宮の宇佐鳥居

〈宮崎（日向国）地域〉

出雲族はさらに大分から宮崎（日向国）に進攻した。日向一円を支配していたイザナキ一族はスサノオと講和する道を選んだ。この講和によりアマテラスはスサノオの妃となり宇佐に住んだようである。

宇佐市安心院《アジム》町の『安心院町誌』に、「太古比咩《ヒメ》大神（三女神）が降臨したと伝わる〝宇佐島〟は妻垣《ツマガケ》山の山麓にある古宮三女神社がその遺跡で、三女神ゆかりの産湯の水が湧き出ている」

と記されている。妻垣山の妻垣神社は宇佐神宮の八摂社随一の由緒深い古社である。「妻垣《ツマガケ》」の名前や町誌の記録から、古宮三女神社の地こそ三人の姫が生まれた場所と思われる。

スサノオとアマテラスの関係を暗示させるものに、八重垣神社（松江市）の壁画がある。この壁画は本殿銅板にスサノオとイナダ姫、アマテラスとイチキシマ姫、アシナヅチとテナヅチ（イナダ姫の両親）の六神像を描いたもので、平安時代の宮廷画家巨勢金岡《コセノカナオカ》の筆と伝えられている。スサノオとイナダ姫ゆかりの社の壁面に、アマテラスとイチキシマ姫が寄り添うように描かれているのである。スサノオとアマテラスの関係は公然の秘密として広く人々に知られていたのではないだろうか。

また、出雲屈指の歴史を誇る日御碕《ヒノミサキ》神社（出雲市）は、神の宮（上の宮）にスサノオを日沈宮《ヒシズミ》（下の宮）にアマテラスを祀っている。スサノオとアマテラスの二人をこれほど端的にそれぞれの主祭神として祀る神社は他にはない。この神社のたたずまいから二人の特別な関係を読みとることができる。

スサノオの日向での痕跡は、『日向の伝説』（瀬戸山計佐儀編著）の「胡瓜《キュウリ》食わぬ里」という説話に残っている。日南市油津にある祇園神社の大祭日には、氏子たちは胡瓜を食べないことになっている。スサノオの家紋や八坂神社の神紋が「胡瓜の切り口」に似ているからだというのである。この風習は各地に広く伝わっているが、もともと出雲から出たものである。島根県江津《ゴウツ》市の山辺《ヤマノベ》神社は「祇園宮」とも呼ばれる社で、祇園祭の間氏子たちは胡瓜を食べないという。

出雲地方の風習が遠く離れた日向の伝説として語り継がれているのである。スサノオと日向のつながりは、太古の昔にスサノオが日向の地に進攻して大王として君臨した痕跡ではないだろうか。

ところで、スサノオは出雲に戻るとき、アマテラスの次男アメノホヒを出雲に連れて帰ったが、この時、イザナミも一緒に出雲に赴いている。スサノオの命令なのか、それともかわいい孫のためにみずから申し出たのか、とにかくイザナミは夫イザナキと別れて出雲へ行ったのは確かである。『記・紀』神話では、イザナミはカグツチを産んだ時に亡くなったと記され、黄泉《ヨミ》国と出雲を関係づけている。また、アメノホヒは葦原中国の平定のため、高天原から出雲に派遣されたことになっている。

しかし、高天原（日向）のイザナキ一族は出雲とは何のゆかりもない。にもかかわらず、実際にイザナミとアメノホヒは日向から出雲へ移り、出雲で亡くなっているのである。出雲にはイザナミとアメノホヒの神陵がある。

イザナミの神陵については諸説あるが、明治三三年の宮内庁調査で島根県八雲村神納《カンナ》山の岩坂陵墓が神陵とされ、宮内庁の所管になっている。アメノホヒの神陵は安来市の野城《ノギ》神社に隣接する奥の院古墳である。アメノホヒは野城大神として崇められている。

『記・紀』神話には、スサノオとイザナミの間に異常な関係を暗示する伝承が多い。

例えば、「イザナミは火の神（カグツチ）を産んだことが原因で亡くなった」と記されているが、カグツチの神とはスサノオの象徴名と考えられる。また、「スサノオが亡くなったイザナミのいる根《ネ》の堅州国《カタスノクニ》へ行きたいと泣きわめく」とか、「スサノオがイザナミのお墓に参拝した」など、なぜかスサノオの贖罪《ショクザイ》の響きを漂わせた伝承が目立っている。これらの伝承は一つの史実を反映していると考えられるのである。この日向一族の悲劇と出雲族に対する怨念が、その後の日本の歴史に重大な影響を与えている。

④「天王」スサノオ

太古の昔より、スサノオは我々の祖先の心の拠りどころとして、また、あらゆる人々の営みを守る神として崇敬されてきた。

スサノオを祀る神社は全国に数限りなくある。

八坂神社、須賀神社、須佐神社、津島神社、氷川《ヒカワ》神社、熊野神社、八雲神社、八重垣神社、広峰神社、素盞嗚《スサノオ》神社、天王（皇）神社などがよく知られている。

また、スサノオは大自然（山・水・海・雷・火）のはかり知れない脅威に立ち向かい、その力に打ち勝つことのできる偉大な巨人として崇められた。そのため、スサノオに仮託された多くの神名（象徴名）を持っている。例えば、大山祇神《オオヤマツミ》、（大）雷神《イカヅチ》、高龗神《タカオカミ》、（大）綿津見神《ワタツミ》、迦具《カグ》土《ツチ》神である。なかでも重要なことは、スサノオが「皇国の本主《ホンシュ》」・「天王（皇）」と崇められていることである。

全国の天皇社の総本社が津島神社（津島市）である。

●八一〇年、嵯峨《サガ》天皇は「素戔嗚尊《スサノオ》は即ち皇国の本主なり」と称され、「日本総社」の号を贈られた。「皇国の本主《ホンシュ》」とは日本建国の祖を意味し、「日本総社」とは日本の総氏神社のことである。

●さらに、一条天皇の時に「天王社」の号を贈ったと伝えられている。

八一〇年といえば、『記・紀』が成立して一〇〇年近くしか経過していない時代である。「手のつけられない粗暴な性格で、数々の乱暴な行為をして高天原《タカマガハラ》から追放された」という『記・紀』のスサノオ像が明らかだったはずである。にもかかわらず、歴代天皇がスサノオを「皇国の本主」と讃え、スサノオを祀る社を「日本総社」と崇められたのである。『記・紀』によれば、「皇国の本主」はアマテラスであり、「日本総社」は伊勢神宮のはずである。歴代天皇がスサノオを「日本建国の祖」・「天王」・「日本の総氏神」と讃え、輝かしい称号を与えられた真の理由はどこにあるのだろうか。

これはやはり、古代日本の黎明《レイメイ》期にスサノオが列島の開拓と統一にむけて、その名にふさわしい数々の実績を残し、広く人々の意識の奥底に宿っていたからに違いない。

(3) ニギハヤヒ（オオトシ）の東遷と初期ヤマト王権の誕生

①『先代旧事本紀《センダイクジホンギ》』の東遷伝承

『先代旧事本紀』（以後『旧事紀《クジキ》』と表記する）は平安時代の初期に物部系の人物によって編纂された書物である。この書物はその序文で「聖徳太子や蘇我馬子の撰」と記している。ところが、その内容には、その後に編纂された『記・紀』や『古語拾遺』からの引用部分が多く指摘されている。そのため、この書物は偽書とみなされ、その価値を認めようとしない学者が多い。

しかし、『旧事紀』は「ニギハヤヒの降臨伝承」や「物部氏と尾張氏の系譜」そして「国造《クニノミヤツコ》本紀」など、他のどの書物にも書かれていない重要な内容を含んでいる。特に古代豪族物部氏にまつわる伝承が数多く記されており、この書物の歴史的価値は非常に高い。また「国造本紀」は『記・紀』に書かれていない国造名が多く記載され、それぞれの初代国造の系譜が記されている貴重な資料である。

『旧事紀』はニギハヤヒの東遷伝承を詳細に伝えている。以下、その内容を検証したい。

その前に、第1章3の「大歳神の実像」の内容を思い起こしていただきたい。神々の伝承や古文献の内容から判断して、私は「ニギハヤヒはスサノオの三男オオトシのことであり、九州から東遷して河内の哮ヶ峯《イカルガノミネ》に降りたった時にニギハヤヒに改名した」と推理している。したがって、正確には「オオトシの東遷」である。

九州の統治が一段落すると、スサノオは列島の開拓と統一の夢をオオトシに託して、一七〇年代後半にオオトシを河内・ヤマトに派遣した。瀬戸内沿岸地域や畿内地域にとって「倭国大乱」の時代である。

オオトシは三二人の将軍と五人の部《トモノオ》の長、五人の造《ミヤツコ》の長、二五人の職能軍団（天物部《アマツモノノベ》）の長、船長・梶取・船子らを伴って、北九州から瀬戸内海を通り河内の哮ヶ峯に上陸した。その後、富雄《トミオ》川を下ってヤマトの地に入ったと伝えている。この東遷メンバーは九州遠征に従った出雲族と、北九州の遠賀《オンガ》川下流域の古代物部族、そして北九州の海人族（阿曇氏の一族や志賀族）で構成されていた。渡来系の氏族も多く、各種（土器・木製品・石器・青銅器・鉄器）生産、造船、航海、土木、交易などの先進技術をもつ職能軍団であった。

②随伴氏族

『旧事紀』にはニギハヤヒの東遷に随伴した氏族名が詳しく記されている。

随伴した氏族の多くは九州北部の地名と密接につながっている。とりわけ、遠賀川下流域の鞍手《クラテ》郡に地名をもつものは八氏族もあり、それに隣接する郡を含めると一三氏族に及んでいる。
彼らはヤマト、河内、摂津、和泉にまたがる広大な地域に住みつき、その後古代氏族の祖になっている。そして、拠点になった地域には弥生時代後期（二・三世紀）の遺跡があり、氏族ゆかりの地名が数多く残っている。また、居住地にはニギハヤヒを祀る神社も多い。主要な随伴氏族を居住地別に整理すると、以下のとおりである。これらの事実は「ニギハヤヒの東遷伝承」が史実である証しといえるであろう。

随伴氏族名と関連地名は別表のとおりで、図は随伴氏族の畿内分布状況を示している。

③ゆかりの神社と遺跡

「ニギハヤヒ東遷伝承」ゆかりの神社と遺跡を検証したい。

●磐船《イワフネ》神社（交野《カタノ》市）

ニギハヤヒの降臨伝承の地「河内国哮ヶ峯《イカルガノミネ》」ゆかりの神社で、ニギハヤヒをフルネーム（天照国照彦天火明《アマテルクニテルヒコアメノホアカリ》櫛玉饒速日尊《クシタマニギハヤヒノミコト》）で祀っている。太古、淀川は枚方（シラカタノ津）付近まで入江になっており、哮ヶ峯の麓を流れ

磐船神社

〈主要な随伴氏族の居住地と遺跡・関連神社〉

居住地（現在の地名）	随伴者名	近隣の遺跡	関連神社（祭神）
〈河内国〉			
渋川郡邑智《オオチ》郷（大阪市生野区・東大阪市）	物部造らの祖（天津麻良）	恩智遺跡	恩智神社（オオミケツヒコ他）
〃　跡部《アトベ》郷（八尾市跡部町）	跡部首《オビト》らの祖（天津羽原《ハハラ》）	山賀遺跡 跡部遺跡	渋川神社（ニギハヤヒ他） 跡部神社（ニギハヤヒ）
〃　〃	阿刀《アト》造らの祖（大麻良《オオマラ》）	瓜生堂《ウリュウドウ》遺跡	弓削《ユゲ》神社（ニギハヤヒ・ウマシマジ他）
讃良《ササラ》郡枚岡《ヒラオカ》郷（東大阪市・大東市 四條畷市地域）	舎人《トネリ》造	鬼塚遺跡	枚岡神社（アメノコヤネ他）
		鬼虎川《キトラガワ》遺跡	石切劔箭《ツルギヤ》神社（ニギハヤヒ・ウマシマジ）
〈摂津国〉			
島上《シマノカミ》郡・島下《シマノシモ》郡（茨木市東奈良）	倭鍛師《ヤマトカヌチ》らの祖（天津真浦《マウラ》）	東奈良遺跡	新屋坐《ニイヤニマス》天照御魂神社（ホアカリ他）
河辺郡為奈《イナ》郷（豊中市・池田市）	為奈部《イナベ》の祖（天津赤占《アカウラ》 天都赤星）	田能遺跡	物部氏族の新屋連《ニイヤムラジ》が奉斎
豊島《テシマ》郡豊島（川西市・伊丹市・尼崎市地域）		勝部遺跡	
〈大和国〉			
十市《トオチ》郡飯富《オウ》郷（田原本町）	笠縫部《カサヌイベ》らの祖（天曽蘇《アマツソソ》）	唐古・鍵遺跡	鏡作《カガミツクリ》坐天照御魂神社（ホアカリ他）
〃	曽々《ソソ》笠縫らの祖（天津赤麻良）		鏡作連《ムラジ》が奉斎
〃	曽蘇造		
十市郡	十市部首《トオチベノオビト》らの祖（富富侶《ホホロ》）		
〈和泉国〉			
大鳥郡大庭郷（堺市大庭寺）	大庭《オオバ》造	大庭寺遺跡 四ツ池遺跡	大鳥神社（ヤマトタケル 大鳥連の祖）
〃　上神《カミツミワ》郷大庭村			大鳥連（大庭造が改名したと考えられる）が奉斎
和泉郡上泉郷二田（泉大津市二田町）	二田《フタタ》造・二田物部	池上曽根遺跡	曽根神社（ニギハヤヒ・イカガシコオ）
			曽根連（二田造が改名したと考えられる）が奉斎

随伴氏族の畿内分布状況（3世紀頃）

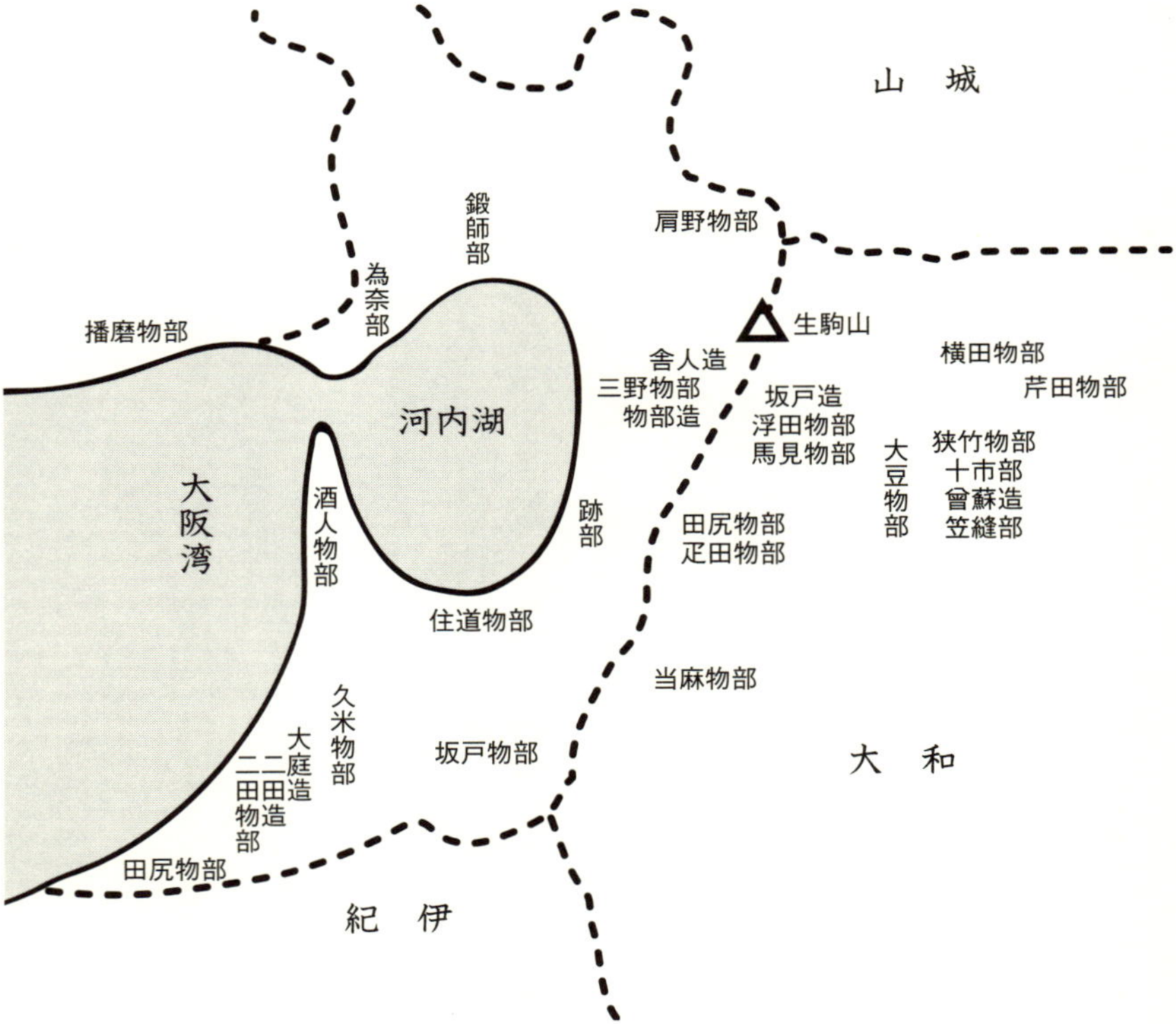

鳥越憲三郎氏『大いなる邪馬台国』講談社
守屋尚氏『物部氏の盛衰と古代ヤマト王権』彩流社
を参考に作成

〈随伴氏族名と関連地名〉

			九州などの地名	畿内の地名（現在地）
五部人《イツノトモビト》	天津麻良《アマツマラ》	物部造《モノノベノミヤツコ》らの祖	（筑後）浮羽郡物部郷 （壱岐）物部郷	（河内）渋川郡邑智《オオチ》郷
	天曾蘇《アマツソソ》	笠縫部《カサヌイベ》らの祖	—	（大和）十市《トオチ》郡飯富《オウ》郷笠縫村（田原本町） （大和）城下《シキノシモ》郡笠縫
	天津赤占《アマツアカウラ》	為奈部《イナベ》らの祖	（対馬）伊奈浦・伊那村	（摂津）河辺《カワノベ》郡為奈郷
	富富侶《ホホロ》	十市部首《トオチベノオビト》らの祖	（筑前）鞍手郡十市郷 （筑後）三宅郡十市郷	（大和）十市郡
	天津赤星	筑紫弦田《ツルタ》物部らの祖	（筑前）鞍手郡鶴田郷	（大和）平群《ヘグリ》郡鶴田
五部造《イツトモノミヤツコ》	二田　造《フタタノミヤツコ》		（筑前）鞍手郡二田郷 （筑後）竹野郡・浮羽郡二田郷	（和泉《イズミ》）和泉郡上泉郷二田 （泉大津市二田町）
	大庭《オオバ》造		（筑前）上座郡把伎郷大庭村	（和泉）大鳥郡大庭 （河内）茨田郡大庭村
	曾蘇《ソソ》造			（大和）十市郡飯富郷（田原本町）
	坂戸造			（大和）平群郡坂戸郷
	舎人《トネリ》造			讃良郡枚岡郷（東大阪市・大東市 四條畷市地域）

天《アマツ》　物部（二十五部人《トモビト》）

二田《フタタ》物部		（筑前）鞍手郡二田郷	（和泉）和泉郡上泉郷二田（泉大津市二田町）
疋田《ヒキタ》物部		（筑前）鞍手郡疋田	（大和）城上《シキノカミ》郡曳田《ヒキタ》（奈良市疋田町） （大和）葛　下《カツラキノシモ》郡疋田郷（葛城市疋田）
当麻《タイマ》物部		（肥後）益城《マシキ》郡当麻郷	（大和）葛下郡当麻郷（葛城市当麻）
酒人《サカト》物部			（摂津）東生《ヒガシナリ》郡酒人《サカト》郷（城東区森之宮）
芹田《セリタ》物部		（筑前）鞍手郡生見郷芹田村	（大和）城下《シキノシモ》郡芹田（天理市武蔵町芹田）
田尻《タジリ》物部		（筑前）上座郡田尻村	（大和）葛下郡田尻村（香芝市田尻） （摂津）能勢郡田尻村
馬見《ウマミ》物部		（筑前）嘉麻《カマ》郡馬見郷	（大和）葛下郡馬見村（北葛城郡広陵町）
赤間物部		（筑前）宗像《ムナカタ》郡赤間 （長門）豊浦郡赤間	
横田物部		（筑前）嘉麻《カマ》郡横田村	（大和）添上《ソエカミ》郡横田村（大和郡山市横田町）
久米《クメ》物部		（伊予）久米郡・喜田郡久米郷	（摂津）住吉郡榎津《エナツ》郷来目《クメ》村 （大和）高市郡来目郷
狭竹《サタケ》物部		（筑前）鞍手郡粥田《カツタ》郷小竹	（大和）城下郡狭竹《サタケ》村（磯城郡田原本町）
布都留《フツル》物部			（播磨）三原郡・津名郡物部郷
大豆《マメ》物部		（筑前）穂波郡大豆村	（大和）広瀬郡大豆村（北葛城郡広陵町）
住道《スンジ》物部			（摂津）住吉郡住道郷（東住吉区住道矢田）
肩野《カタノ》物部			（河内）交野《カタノ》郷（交野市）

天《アマツ》物部（二十五部人《トモビト》）	讃岐三野《ミノ》物部		（讃岐）三野郡	（河内）若江郡三野（八尾市上之島町）
	羽束《ハツカシ》物部			（山城）乙訓《オトクニ》郡羽束郷 （摂津）有馬郡羽束郷（三田市）
	相槻《ナミツキ》物部			（大和）十市《トオチ》郡両槻《ナミツキ》村
	尋津《ヒロキツ》物部			（大和）城上《シキノカミ》郡尋津 （河内）丹比《タジヒ》郡広来津村
	筑紫聞《キク》物部		（豊前）企救《キク》郡	
	嶋戸《シマト》物部		（筑前）遠賀郡島戸	
	播磨《ハリマ》物部			（播磨）明石郡
	浮田物部			（大和）葛下《カツラキノシモ》郡浮田村（北葛城郡王寺町）
	筑紫贄田《ニエタ》物部		（筑前）鞍手郡新分《ニイキタ》郷	
	菴宜《アンギ》物部			（伊勢）庵芸《アンキ》郡庵芸郷
	（船長）天津羽原《アマツハハラ》	跡部首《アトベノオビト》らの祖	（筑前）鞍手郡粥田郷	（河内）渋川郡跡部《アトベ》郷（八尾市跡部町）
	（梶取）大麻良《オオマラ》	阿刀造《アトノミヤツコ》らの祖		（河内）渋川郡跡部郷（〃）
	（船子）天津真浦《アマツマウラ》	倭鍛師《ヤマトカヌチ》らの祖		（摂津）島上《シマノカミ》郡・島下《シマノシモ》郡
	（〃）天津麻良《マラ》	笠縫らの祖		（摂津）東生《ヒガシナリ》郡笠縫村
	（〃）天津赤麻良	曾曾《ソソ》笠縫らの祖		（大和）十市郡飯富《オウ》郷笠縫
	（〃）天都赤星	為奈部《イナベ》らの祖		（摂津）河辺《カワノベ》郡為奈郷

安本美典氏『古代物部氏と先代旧事本紀の謎』勉誠出版より
守屋尚氏『物部氏の盛衰と古代ヤマト王権』彩流社より

る天の川をさかのぼってヤマトに入るのが一番便利なルートであった。

●矢田坐久志玉比古神社《ヤタニマスクシタマヒコ》（大和郡山市）

ニギハヤヒとミカシキヤ姫を祀る社で、ニギハヤヒが河内国哮ヶ峯から富雄川《トミオ》を下って遷り住んだ「鳥見《トミ》の白庭山《シラニワヤマ》」ゆかりの神社である。宮居《ミヤイ》を決めるにあたり、天磐船《イワフネ》に乗り天空を駆け巡りながら、『吾が宮居の地に導き給え』の祈願とともに天羽羽矢《アマノハバヤ》三本を射放たれた。この様子がヤマトの最古の枕詞《マクラコトバ》である「そらみつ」のおこりといわれている。六世紀前半頃までは畿内随一の名社として栄えたという。

●登彌《トミ》神社（奈良市）

延喜式内社で、古くから木嶋《コノシマ》大明神また鳥見《トミ》明神と称されてきた。「登彌」は鳥見の白庭山ゆかりの地で、ニギハヤヒの子孫の登彌連《トミムラジ》がゆかりの地に祖神を祀ったのが始まりである。神武天皇は鳥見山中の霊畤《マツリノニワ》に皇祖天神を祭祀して神恩感謝のお祭りをされたが、その場所が当地であったといわれている。

多くの神々が勧請されているが、登彌連の祖、登美ニギハヤヒ命が祀られている地で、神武天皇が皇祖天神を祭祀されたということは、皇祖天神がニギハヤヒであることを示唆している。

●唐古《カラコ》・鍵《カギ》遺跡（田原本町）

唐古・鍵遺跡は、紀元前三世紀から三世紀の終わり頃までの長い間、弥生時代のヤマトの拠点集落として栄えた。奈良盆地のほぼ中央にあり、初瀬川と寺川にはさまれた低湿地に位置している。当遺跡は日本を代表する環濠集落である。

出土品は各種の土器（楼閣や大型建物を描いた絵画土器を含む）・石器・木製品・ヒスイ製勾玉《マガタマ》・青銅器の鋳造に伴う銅鐸・銅剣・銅鏃《ゾク》の鋳型《イガタ》片などで、青銅器の工房跡や大型建物跡も見つかっている。大量の石庖丁や木製農耕具・籾殻《モミガラ》・炭化米・稲の穂束などから、この遺跡は稲作を中心に行う農村集落の性格を色濃く残している。

しかし、先に紹介した青谷上寺地《アオヤカミジチ》遺跡や妻木晩田《ムキバンダ》遺跡と比較すると、同時代の遺跡であるが、青銅器の鋳造関係の出土品以外その内容は質・量ともに見劣りするといわざるをえない。

その根拠は、

●この集落は畿内地域の物流センターの機能を果したと考えられるが、最先進地域の北部九州や遠隔地との交易活動をした痕跡がみられない。

●持ち込まれている土器も近畿周辺と瀬戸内海沿岸地域に限られている。

●鉄製品はほとんど出土していない。したがって、農・工具の生産性は低く、各種の生産・加工技術の水準も低いことである。

ところが、この遺跡で弥生時代の先進技術である青銅器の生産が行われていたのである。青銅器をつくるためには、鍛冶・鋳造の専門職人のみならず銅原料やその他部材が不可欠である。

出土品の生産・加工の技術水準から判断して、青銅器の生産を独自に行っていたとは考えられない。むしろ、青銅器の生産技術をもつ集団が外部からこの地に移住して、青銅器をつくったと考えるのが自然である。

ニギハヤヒの随伴メンバーの中に「鏡作連《カガミツクリムラジ》」の祖といわれるアメノヌカドと専門職人がいた。彼らが唐古・鍵遺跡のすぐ近くに居住していたことは各種資料から明らかである。居住地には鏡作坐天照御魂神社《カガミツクリニマス》があり、ホアカリ（ニギハヤヒ）とアメノヌカド・イシコリドメが祀られている。彼らは銅鏡をつくる以前の銅鐸祭祀の時代に、銅鐸や銅剣などをつくっていたと考えられるのである。この遺跡では弥生時代のヤマト周辺地域ではめずらしい銅剣の鋳型片が銅鐸の鋳型片とともに出土している。この事実はこの遺跡が出雲文化の影響を強く受けた証しであろう。

ところが、唐古・鍵遺跡は土地が低く何回も洪水に見舞われたため、ニギハヤヒの随伴氏族は二世紀末頃三輪山麓の纏向《マキムク》に移住したと考えられる。

④初期ヤマト王権の誕生

〈纏向遺跡〉

纏向《マキムク》遺跡は唐古・鍵遺跡から初瀬川を四キロメートルほどさかのぼった場所にある。三輪山麓の扇状地に東西約二キロメートル、南北約一・五キロメートルに及ぶ広大な規模の遺跡が広がっている。この遺跡は自然発生的な集落ではなく、三世紀はじめに突如大集落が人工的につくられたことが指摘されている。しかも農業的要素は見られず、政治と祭祀に特化した前代未聞の古代都市であった。

これらの状況から、唐古・鍵遺跡にいたニギハヤヒ率いる東遷メンバーが纏向に移住し、周辺の人々を使って纏向遺跡の基礎をつくったと考えられるのである。でなければ、突然人工的な大集落が形成されることはありえない。東海、吉備、北陸など周辺各地からも人々が集まり、纏向に大集落がつくられた。

二〇〇年頃、ニギハヤヒは三輪山麓の纏向の地に「初期ヤマト王権」を樹立したと思われる。随伴した氏族はニギハヤヒ大王を支える中核氏族として、ヤマトのみならず河内・摂津・和泉《イズミ》に及ぶ広い地域に居住した。今も残る数多くの古代氏族の痕跡は、ニギハヤヒとヤマト王権の存在を証明している。しかも、ニギハヤヒが統治した王国は小規模な部族国家ではなく、ヤマトの纏向を拠点とする広域の統治国家であったといえるのである。

ニギハヤヒ大王は二二〇年頃亡くなり、御諸山頂の磐座《イワクラ》に葬られた。だから、人々は御諸山を「神山《ミワヤマ》」と呼んだ。ニギハヤヒ大王はヤマトを造成した神・アマテル神と崇められ、「大神」と称された。

大王の死後、相続人ミトシ姫の後見人として兄ウマシマジがヤマト王権を治めた。ウマシマジ一族は纏向周辺地域に住み、磯城県主《シキアガタヌシ》（のちの物部氏）や穂積連《ムラジ》となって王権を支えた。その後物部連が強大化して多くの支族に分かれ、畿内のみならず諸国に広がった。

平安時代の初期にまとめられた『新撰姓氏録《ショウジロク》』は、古代日本の有力氏族の系譜と伝承をまとめたものである。そこには、ニギハヤヒの後裔《コウエイ》氏族である物部氏族だけで一〇二氏族が記されている。尾張系五八氏族、中臣系四二氏族、出雲系二二氏族、大伴系一三氏族で、物部氏族は古代日本の最有力氏族であった。

したがって、物部氏族を抜きにして古代史を語ることはできないはずである。にもかかわらず、古代史を研究する学者の多くが、物部氏族に関する貴重な資料である『旧事紀《クジキ》』を避けているように見受けられるのは、大変残念なことである。

(4) 出雲王国の崩壊とその後の出雲

①出雲族と日向族の相続争い

二一五年～二二〇年頃、出雲王国と筑紫国（邪馬台国）の王オオナムチが日向の地で亡くなると、にわかに日向族と出雲族の間で後継者（相続）争いがおこった。九州統治の実権を握り着々と手を打っていた日向族は、九州各地に滞在していた出雲族を一掃して邪馬台国を支配し、倭国連合の覇権を握った。邪馬台国の変遷については第5章をご覧ください。

その後日向族は出雲王国の相続権を主張した。オオナムチには日向の地にタキリ姫との間に三人の子供がいたが、相続権のある末子はコトシロヌシである。一方、出雲王国にはヌナカワ姫との間に生まれたタケミナカタがいた。

出雲族にすれば、出雲王国はスサノオが築きあげた本拠地である。筑紫国(邪馬台国)は属国にすぎない。しかも、オオナムチはスサノオ家の養子であり、日向の末子コトシロヌシが出雲王国を相続することなど認められないというものであった。

出雲族と日向族の交渉は難航した。同じ頃(二一〇年頃)ヤマトでもニギハヤヒ大王が亡くなった。相続人は末子のミトシ姫で、兄のウマシマジが後見人としてヤマト王権を治めていた。ウマシマジはヤマトで生まれ育ったため、出雲王国の相続争いに直接関与することはなかったようである。

そのうえ、ニギハヤヒがヤマト王権を樹立して以降、出雲地域から多くの人材がヤマトに移ったことや、オオナムチが日向に長く滞在していたことなどから、出雲王国の基盤は著しく弱まっていたと考えられる。

邪馬台国の三代目の王となったアマテラス(卑弥呼)は、二二五年〜二三〇年頃出雲王国の制圧に乗りだした。日向族は武勇の誉れ高いタケミカヅチやフツヌシ・アメノコヤネ等が大挙して出雲に侵攻した。出雲王国の総大将タケミナカタは敗れて諏訪に逃亡し、出雲王国は崩壊する。

これが『記・紀』神話の「出雲の国譲り」の実相であると考える。

②王国崩壊の証し

●第一に、出雲族は日向族の侵攻に対して、出雲王国の象徴である銅鐸を地中に埋納した。加茂岩倉遺跡から出土した銅鐸は大部分が大きな銅鐸の中に小さな銅鐸を納める「入れ子」状態で見つかっている。このような銅鐸埋納が確認された事例は他にはない。「入れ子」状態での埋納は非常に切迫した事態が発生して、数多くの銅鐸を急遽土中に隠したことを想起させる。

「入れ子」状態で入れるがわの銅鐸は外縁付鈕《ガイエンツキチュウ》２式銅鐸と扁平鈕《ヘンペイチュウ》式銅鐸で、出土した銅鐸の中では一番新しいタイプのものである。つくられた時期は二世紀初頭から三世紀前半頃と推定されるが、つくられた後それほど経過しない時期に埋納された可能性が高い。次章２を参照ください。

また、出土した銅鐸の中には、終末期の銅鐸といわれる突線鈕《トッセンチュウ》式銅鐸（三世紀中頃から四世紀はじめ頃までつくられた大型の銅鐸）は含まれていない。

　したがって、埋納の時期は三世紀前半頃と推測できる。

●第二に、二世紀末頃から出雲を中心に日本海沿岸地域に拡がった古代出雲王国のシンボル「四隅突出型墳丘墓」が三世紀後半頃からつくられなくなり、墳墓の規模も突然小さくなっている。

●第三に、弥生時代の紀元前後から三世紀前半頃まで大いに繁栄していた拠点集落（青谷上寺地《アオヤカミジチ》遺跡と妻木晩田《ムキバンダ》遺跡）が、ともに三世紀中頃に突然衰退したことである。

　しかも、青谷上寺地遺跡では、殺傷痕・銅鏃《ドウゾク》のささった人骨や散乱した状態で埋もれた人骨が大量に見つかっている。これらは、この地域が大規模な争乱に巻き込まれたことを証明している。

③熊野大神と出雲氏

　スサノオは一八〇年頃出雲東部の熊野の地で亡くなった。人々は熊野山に巨大な磐座《イワクラ》をつくって出雲の偉大な英雄をお祀りした。スサノオの眠る熊野山は「熊成峯《クマナリノミネ》」と称された。『日本書紀』は「尊、熊成峯に座して遂に根国に入りましき」と記している。

　このスサノオの神陵につくられた社が出雲国一の宮熊野大社である。熊野大社は出雲東部意《オ》宇《ウ》川の源流に近い山あいにある。スサノオは「熊野大神櫛御気野命《クシミケヌ》」の諡名《オクリナ》で祀られた。スサノオは出雲共同体の「首長霊」として崇《アガ》められ、各豪族の祀る祖神の最高位の神に位置づけられた。この熊野大神を祭祀したのが、意宇郡を本拠に東出雲を治めていた出雲氏である。

二世紀末頃まで行われた出雲の「銅剣祭祀」は、三世紀以降スサノオを最高神とする「首長霊信仰」に変わった。これは出雲における重大な宗教変革であった。それを証明するのが荒神谷遺跡である。各豪族の保有する「銅剣」は、人為的につくられた埋納施設に四列にまとめて整然と埋められていた。まさに、出雲における「銅剣祭祀」の終わりを告げている。

ところで、出雲国造出雲臣《オミ》氏の系譜によれば、遠祖はアメノホヒで出雲振根《フルネ》は一一世の孫になっている。しかし、先に述べたように『日本書紀』には、出雲振根は「出雲臣の遠祖」で「出雲大神の神宝を主《ツカサド》る出雲の首長」と記されている。しかも、出雲振根は二世紀の荒神谷における「銅剣祭祀」を主導して西谷墳墓群の主となった神門一族である可能性が高い。

一方、アメノホヒはアマテラスの次男で一七〇年代に日向で生まれ、スサノオと一緒に出雲に来たのは五歳から十歳未満の頃であった。したがって、出雲振根の方が明らかに時代が古いと考えられるのである。

さらに、『出雲国風土記』は神門伊加曾禰《カンドイカソネ》が神門《シンモン》を出雲大社に献納したために「神門」の名が起こったという興味深い話を伝えている。神門とは出雲大社の神領国の入口を示す鳥居状の「神の門」である。神門は飯石《イイシ》郡三屋《ミトヤ》郷と仁多《ニタ》郡の御坂《ミサカ》山に置かれていたという。それは出雲を東西に分断する位置にあり、神門氏の勢力分布から判断すると、三世紀後半から四世紀頃設置されたようである。

出雲大社が創建されたのはもっと後の時代のことであるが、神門氏が祀っていた出雲大神とはオオナムチだったと思われる。つまり、スサノオを祀る熊野大社の熊野大神の祭祀を出雲氏が、出雲大神の祭祀と神宝を神門氏が掌握していたということであろう。

ところで、アメノホヒと出雲氏の関係について考えられるのは、出雲氏の本拠地に隣接する能義《ノギ》郡に居住していたアメノホヒが出雲氏と姻戚関係を結び、のちに出雲国造の祖と仰がれるようになったのではないかということである。

三世紀中頃に出雲王国を支配したアマテラスは、その後の出雲をアメノホヒに統治させたと推測できる。ヤマト朝廷と日向族の支援を受けたアメノホヒ（出雲氏）一族は、三世紀後半以降急速に勢力を強めた。

出雲氏は王国崩壊後の動揺する出雲を円滑に治めるため、祖神のアメノホヒ（野城大神）よりもスサノオ（熊野大神）を最高神とする首長霊信仰を踏襲した。出雲国造の本拠はスサノオの眠る熊野山をのぞむ松江市大庭町の神魂《カモス》神社の地にあったようである。出雲国造を中心に大庭は栄え、のちに出雲国庁や国分寺もこの近くに置かれた。

四世紀から五世紀になると、出雲氏はヤマト朝廷と手を結び、意宇郡から出雲郡へと勢力圏を拡大した。そして、西出雲地域を統治していた本家筋の神門氏を支配下におさめ、出雲大神の祭祀権を握ったものと思われる。神門氏は出雲郡から徐々に辺地に追われて神門郡の地に移り、出雲郡に残った一族は健部《タケルベ》に改姓している。出雲氏は六世紀頃にほぼ出雲全域を支配するようになった。

ところで、スサノオが首長霊として崇められたことは、七三三年に完成した『出雲国風土記』の記載内容からも明らかである。『風土記』は出雲にある三九九社の神社にはっきり序列をつけている。

トップは出雲東部の意宇《オウ》郡に鎮座する熊野大社（祭神熊野大神スサノオ）、次に西部の出雲郡にある杵築《キヅキ》大社（祭神天の下造らしし大神＝オオナムチ）、三番目に佐太御子《サダミコ》社（祭神佐太大神＝サルタヒコ）と野城《ノギ》社（祭神野城大神＝アメノホヒ）、四番目に官社（一八〇社）、五番目に非官社（二一五社）である。

つまり、出雲で最も古い由緒と格式を有する神社は熊野大社であった。なお、杵築大社は明治以降に出雲大社と呼ばれるが、創建は七一六年と想定される新しい社である。

ところが、オオナムチを祀る巨大な杵築大社が完成すると、出雲国造はヤマト朝廷の意向を受けて意宇郡の大庭の地から杵築へ移り、以来杵築大社のオオナムチを奉斎した。この事実は、出雲の最高神がスサノオからオオナムチにすり替えられたことを意味している。

④「史実」と「神話」

日本最古の正史とされる『日本書紀』は、二世紀から三世紀に実在した二つの倭《ヤマト》（邪馬台国とヤマト王権）についてまったく記していない。

しかし、『記・紀』神話の作者は、古代出雲王国が強大な勢力を持ち邪馬台国やヤマト建国に大きく関わったこと、そして、三世紀中頃に突然衰退したことなど、二〜三世紀の歴史を熟知していたと思われる。だからこそ、「出雲神話」の中で「大活躍する出雲の神々」と「滅び去る出雲」の物語を書いたのである。『記・紀』神話の「出雲の国譲り」は史実であった可能性が高い。

なぜ、「史実」を「神話」につくりかえる必要があったのだろうか。

『記・紀』の編纂には、時の権力者（持統天皇と藤原不比等）の政治的な意向が強く反映されている。日向族の支配するヤマト朝廷は、自分たちに都合の悪い邪馬台国やヤマト建国の真相を闇に葬るために、「神話」を創作して虚構の歴史に改竄したのである。

第3章 「古代出雲」と銅鐸の謎

銅鐸《ドウタク》は謎の青銅器である。「だれが」、「いつ」、「どこで」、「どんな目的で」つくったのか、いまだに不明である。銅鐸は弥生時代のものであるが、弥生時代のいつ頃からつくられたのかについては諸説ある。そして、弥生時代の終わり頃（三〇〇年前後）には壊されあるいは地中に埋められて一斉に姿を消している。

今日まで数多くの銅鐸が出土しているが、『記・紀』は銅鐸について何も記していない。この不思議な銅鐸の謎に迫りたい。

銅鐸は鈕《チュウ》（上部の紐・縄などを通す部分）の形式によって、「菱環鈕式《リョウカンチュウ》」・「外縁付鈕式《ガイエンツキチュウ》」・「扁平鈕《ヘンペイチュウ》式」・「突線鈕式《トッセンチュウ》」に分類される。この分類によって、どの形式の銅鐸がより古くどの形式の銅鐸がより新しいかという相対編年をつかむことができる。

また、銅鐸に使われた銅原料の中に含まれる鉛の同位体《ドウイタイ》比《ヒ》は、銅鐸の鈕の形式が異なるごとに違った値を示すことが指摘されている。「鉛の同位体比」とは、鉛を構成する四つの質量の異なる原子の混合比率のことである。銅の中に含まれる鉛の同位体比の分析によって、銅の生産地や青銅器の製作年代をある程度知ることができる。以下、銅鐸の分類毎の出土分布状況と銅原料に含まれる鉛の同位体比の分析をベースに、銅鐸の変遷を辿りたい。

扁平鈕式

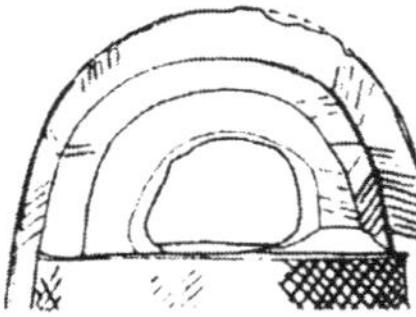
外縁鈕式

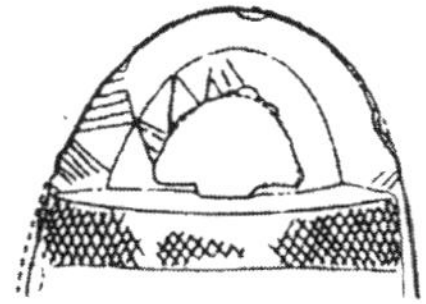
菱環鈕式

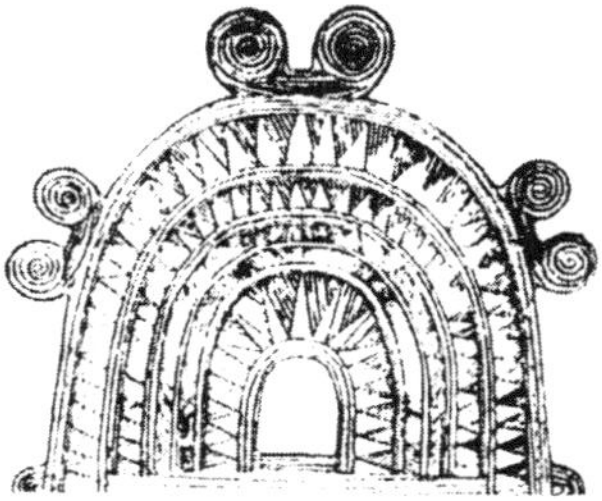
突線鈕式

突線鈕式

佐原真の銅鐸編年では、鈕の形式によって銅鐸が分けられる（熊野正也・堀越正行著『考古学を知る辞典』〈東京堂出版、2003年刊〉による）。

本件については、『邪馬台国は、銅鐸王国へ東遷した』安本美典著　勉誠出版を参考にした。なお、出土分布は難波洋三著『難波分類に基づく銅鐸出土地名表の作成』による。

1　銅鐸の分類と地域別出土分布

(1) 初期銅鐸

①菱環鈕《リョウカンチュウ》式銅鐸（出土数一二個）

●日本で最も古い型式の銅鐸である。

●高さは二〇センチメートルから三〇センチメートルの小型の銅鐸である。

〈地域別出土分布〉出土地の判明しているものは八個ある。

●島根県二個（荒神谷遺跡から出土）、兵庫県三個（うち淡路二個）、三重・岐阜・福井県各一個

②外縁付鈕《ガイエンツキチュウ》1式銅鐸（出土数五三個）

●高さは二五センチメートルから三〇センチメートル前後の小型のものが多いが、一部四〇センチメートルを超えるものもある。

〈地域別出土分布〉出雲地域が中心で、兵庫県とその周辺地域に広がっている。

●中国地方　二五個（全体の四七パーセント）……島根県（出雲）二三個、鳥取・岡山県各一個

●近畿地方　二二個（全体の四二パーセント）……兵庫県一三個（淡路八個・摂津五個）、奈良県四個、京都府二個、大阪府・和歌山・滋賀県各一個
●四国地方　出土例なし
●その他　六個……福井県二個、長野県二個、岐阜・愛知県各一個

(2)最盛期銅鐸

①外縁付鈕2式銅鐸（出土数四一個）
●高さは三〇センチメートルから四五センチメートル程度のものが多い。
〈地域別出土分布〉出土地域が出雲地域から近畿地方や四国地方の広域に拡散している。
●中国地方　一三個（全体の三二パーセント）……島根県（出雲）一〇個、鳥取県（因幡《イナバ》）三個
●近畿地方　一八個（全体の四四パーセント）……兵庫県九個（但馬四個・摂津三個・淡路・丹波各一個）、大阪府三個、京都府・奈良県各二個、滋賀・和歌山県各一個
●四国地方　四個……香川県（讃岐）三個、徳島県（阿波）一個
●その他　六個……長野県三個、三重県二個、愛知県一個

②扁平鈕《ヘンペイチュウ》式銅鐸（出土数一二九個）
●高さは二五センチメートルから五〇センチメートルで、かなりバラツキが見られる。

●この形式の銅鐸がつくられた時代は銅鐸の最盛期で、出土数も急増している。〈地域別出土分布〉出土地域の中心が、出雲地域から近畿地方と四国地方に移動したことを示している。近畿地方では兵庫県・大阪府・和歌山県で増加し、四国地方の徳島県と香川県で急増している。

●中国地方　三一個（全体の二四パーセント）……島根県一五個（出雲一二個・石見三個）、鳥取県六個（伯耆四個・因幡二個）、岡山県九個（備前六個・備中三個）、広島県一個

●近畿地方　五八個（全体の四五パーセント）……兵庫県二一個（摂津一五個・播磨四個・丹波・淡路各一個）、大阪府一六個（河内一三個・和泉三個）、和歌山県一二個、奈良県四個、京都府三個、滋賀県二個

●四国地方　三〇個（全体の二三パーセント）……徳島県二〇個、香川県九個、高知県一個

●その他　一〇個……岐阜県三個、愛知県三個、福井・三重県各二個

(3) 終末期銅鐸

●突線鈕《トッセンチュウ》式銅鐸と呼ばれ、近畿式銅鐸と三遠《サンエン》式銅鐸の二種類がある。従来のものより大型で装飾性に富み、より高度な技術が必要で「見せる銅鐸」といわれる。

●高さは五〇センチメートル以上で一メートルを超えるものもある。

①近畿式銅鐸（出土数九五個）

〈地域別出土分布〉滋賀県を中心に近畿地方で五二パーセントを占め、さらに東海地方の出土が急増している。

●中国地方　七個……島根県一個、鳥取県三個、岡山県三個

●近畿地方　四九個（全体の五二パーセント）……滋賀県一六個、和歌山県一三個、大阪府一〇個（摂津四個・河内・和泉各三個）、兵庫県六個（播磨・摂津・但馬各二個）、京都府三個、奈良県一個

●東海地方　三〇個（全体の三二パーセント）……静岡県一二個（うち遠江《トオトウミ》一〇個）、愛知県九個（三河六個・尾張三個）、三重県七個（伊勢四個・伊賀三個）、岐阜県二個

●四国地方　七個……徳島県四個、高知県三個

●その他　二個……福井県二個

②三遠式銅鐸（出土数三二個）

〈地域別出土分布〉東海地方の遠江（浜名湖周辺）・三河・尾張で全体の八〇パーセントを占める。京都府より西側地域や四国地方からはまったく出土しない。

●近畿地方　五個……滋賀県四個、京都府一個

●東海地方　二五個（全体の八一パーセント）……静岡県（遠江）一六個、愛知県八個（三河六個・

尾張二個)、三重県一個
●その他　一個……長野県一個

2　銅鐸の変遷と「鉛の同位体比」

青銅器の銅原料に含まれる鉛の同位体比は、鉱床の生成時期や産出地によって異なる。したがって、鉛の同位体比の分析によって、青銅器の銅原料の生成年代や生産地をある程度推測することができるといわれている。

①初期銅鐸

銅鐸の謎の解明の基準となるのが、北九州を中心に出土する舶載青銅器、「細形銅剣」・「細形銅矛《ドウホコ》」・「細形銅戈《ドウカ》」や「多鈕細文鏡《タチュウサイモンキョウ》」である。これらの青銅器は主に北九州の初期の形式の甕棺《カメカン》から出土する副葬品で、わが国から出土する青銅器のうちもっとも古い時代に該当するものである。これらの青銅器の使用年代は、紀元前一〇〇年から紀元後一五〇年ぐらいと想定される。

これらの青銅器の銅原料は中国の戦国時代の燕の方面から来た可能性が強いといわれている。

ところが意外なことに、初期銅鐸の銅原料に含まれる鉛の同位体比の分布がこれらの青銅器とほぼ同じ傾向値を示しているというのである。

ところで、青谷上寺地《アオヤカミジチ》遺跡と妻木晩田《ムキバンダ》遺跡の出土品から、古代出雲地域が弥生時代の早い時期から最先進地域の北九州と頻繁に交流していたことが判明している。荒神谷遺跡から出土した銅矛一六本はすべて佐賀県の遺跡から出土したものと同じ型式で、北九州でつくられたものとみられる。

また、紀元前一世紀から紀元前後とみられる北九州の遺跡から銅鐸の鋳型《イガタ》が見つかっているので、銅鐸は北九州で最初につくられたのは確かである。しかし、北九州では銅鐸は普及せず、銅鏡や銅剣・銅矛・銅戈が好まれた。そのため、小銅鐸を除けば、銅鐸は北九州からほとんど出土しない。

以上のことから、紀元前一世紀から一世紀の間に、北九州から銅原料や銅鐸の鋳型が出雲に持ち込まれ、菱環鈕式銅鐸は紀元前一世紀から紀元前後にかけて、また、外縁付鈕1式銅鐸は紀元前後から一世紀末頃に出雲でつくられたと推測できる。実際に、荒神谷遺跡から出土した六個の銅鐸はいずれも初期銅鐸であり、加茂岩倉遺跡からも一九個の外縁付鈕1式銅鐸が出土している。

さらに、熊野大社に「熊野銅鐸」と呼ばれる最古の形式の銅鐸がある。この銅鐸は全長二〇センチメートル程度の大きさで、現在日本で発見されている銅鐸の中では一番古い形式の菱環鈕式銅鐸である。銅鐸の出所は不明であるが、出雲の荒神谷遺跡出土の銅鐸との関連が注目される。いずれにしても、この銅鐸は出雲と銅鐸の深いつながりを示すものといえるであろう。

②最盛期銅鐸

最盛期銅鐸の銅原料に含まれる鉛の同位体比の分布は、初期銅鐸の同位体比の分布とは明らかに異なることが指摘されている。

ところで、北九州の福岡県や佐賀県では後期甕棺（紀元前後から二世紀後半頃にかけて盛行した）から副葬品として多くの前漢鏡（昭明鏡・日光鏡・清白鏡など）が出土するが、その銅原料は前漢時代の華北の西安や洛陽方面で産出したものといわれている。

ところが、鉛の同位体比の分析によると、最盛期銅鐸（特に外縁付鈕2式銅鐸）の銅原料は、これらの前漢鏡の銅原料とほぼ同じものが用いられているようである。

さらに、荒神谷遺跡から出土した銅剣の銅原料も前漢鏡の銅原料に近いといわれている。では、どのようにして、銅鐸や銅剣の銅原料（中国の前漢時代の華北の銅）が大量に日本にもたらされたのだろうか。弥生時代（一世紀から二世紀頃）に大陸と交易していたのは、北九州の交易国家と出雲王国であり、まとまった銅原料を入手できたのはこの二地域だけである。前漢鏡を好み数多く手に入れた北九州の交易国家に対して、出雲王国は完成品よりも銅原料を大量に入手したと考えられる。

出雲王国ではその銅原料を使って銅鐸をつくるとともに、出雲独自の銅剣をつくっていたのではないだろうか。最盛期銅鐸がつくられた年代は二世紀初頭から三世紀中頃までと思われる。そして、注目すべきことは、各地から出土する最盛期銅鐸（外縁付鈕2式銅鐸と扁平鈕式銅鐸）の銅原料の多くは出雲王国が入手した銅原料である可能性が高いことである。

それでは、出雲王国が大陸との交易によって入手した最盛期銅鐸の銅原料と銅鐸をつくる技術が、どのようにして近畿周辺地域や四国地方に広まったのだろうか。

その鍵はニギハヤヒの東遷にある。

〈ニギハヤヒの東遷と銅鐸〉

一七〇年代後半に北九州から東遷したニギハヤヒ（オオトシ）は、鍛冶・鋳造技術をもつ専門職人集団を率いていた。最盛期銅鐸は兵庫県や大阪府・四国地域から大量に出土している。ところが、これらの地域はことごとく、ニギハヤヒに随伴した氏族がその後居住して彼らの拠点になった場所である。第2章2(3)の添付資料を参照ください。

なかでも、倭鍛師《ヤマトカヌチ》らの祖と称された天津《アマツ》真浦《マウラ》が摂津国島上《シマノカミ》郡・島下《シマノシモ》郡（現在の大阪府茨木市東奈良遺跡の地）に鋳造工房をもち、銅鐸や銅戈《ドウカ》などの青銅器をつくっていたことは、大阪府教育委員会の発掘調査で確認されている。この遺跡からは銅鐸鋳型《イガタ》片や銅戈鋳型、流水文《リュウスイモン》銅鐸鋳型（山陰・四国で同笵《ドウハン》出土）などが数多く出土した。

注目すべきことは、銅鐸の鋳型とともに北九州で数多くつくられた銅戈の鋳型が出土していることである。銅戈は近畿地方では無縁のもので、銅戈鋳型の存在は、北九州から移住した専門職人がこの遺跡で青銅器をつくっていた証しである。銅鐸は出雲のシンボルであり、この遺跡は出雲と北九州文化の影響を強く受けている。

摂津国島下郡新屋《ニイヤ》郷に延喜式名神大社の新屋《ニイヤニ》坐天照《マスアマテル》御魂《ミタマ》神社がある。物部氏族の新屋連《ムラジ》が祖神アメノホアカリ（ニギハヤヒ）を祀った社である。この地で鍛冶・鋳造に従事した人々は、「火」の根源を「日」に求めて「日神」を信仰した。ニギハヤヒはアマテル（天照）神つまり太陽神として崇められた。

新屋坐天照御魂神社

さらに、ヤマトを代表する弥生遺跡である唐古・鍵遺跡からも青銅器の工房跡が出土し、大量の銅鐸・銅剣・銅鏃《ドウゾク》の鋳型片が見つかっている。しかし、第2章で述べたように、これらの青銅器の鋳造技術が弥生時代に近畿地域で自生したといえる考古学的根拠はない。

ニギハヤヒの随伴メンバーの中に「鏡作連《カガミツクリムラジ》」の祖といわれるアメノヌカドを中心とする鍛冶・鋳造職人がいた。彼らは遺跡のすぐ近くに居住して、もともと銅鐸や銅剣をつくっていたと考えられるのである。ところが、四世紀はじめに出現した崇神天皇は銅鐸祭祀を禁止した。そして、これまで銅鐸をつくっていた職人に鏡をつくらせたものと思われる。

居住地には鏡作坐天照御魂神社があり、アマテル神アメノホアカリ（ニギハヤヒ）が祀られている。神社名の「鏡作」は、この地の銅鐸つくりの技術が鏡つくりに受け継がれたことを物語っている。

一般に銅鐸文化は弥生時代に近畿地方を中心に栄えたといわれている。しかし、それは結果であって、広域に及ぶ銅鐸文化圏をつくったのは出雲族（古代物部族）であった。出雲からは最古の形式の銅鐸（菱環鈕式銅鐸）から外縁付鈕1式銅鐸・外縁付鈕2式銅鐸そして扁平鈕式銅鐸にいたるすべての形式の銅鐸が数多く出土している。しかも弥生時代中期頃には、出雲王国は内・外の交易によって大量の銅原料を入手できる強固な体制と、造船・船運・交易などの技術力そして豊かな経済力を持っていた。

古代出雲は「銅剣祭祀」と「銅鐸祭祀」の文化をつくりあげた。そして、ニギハヤヒの東遷に伴って近畿地方を中心に銅鐸文化が最盛期を迎えたと考えられるのである。

③終末期銅鐸

「近畿式銅鐸と三遠式銅鐸の銅原料に含まれる鉛の同位体比は、北九州地域を中心に出土する小型仿製《ボウセイ》鏡第Ⅱ型とまったく等しいといえるほどで、同一鉱山の鉛か同じ銅原料を使った可能性が高い」といわれている。さらに、北九州から広く出土する広形銅矛や広形銅戈の銅原料も近畿式銅鐸や三遠式銅鐸の銅原料に極めて近いことが指摘されている。

これらの事実は、終末期銅鐸の銅原料が北九州方面から近畿・東海地方にもたらされたことを意味する。

北九州地域では鏡を愛好する風習が強く、中国鏡だけではまかないきれないため、三世紀前半頃（邪馬台国の時代）に中国鏡をまねて直径五センチメートルから一〇センチメートル程度の小型の銅鏡が大量につくられた。それが小型仿製鏡第Ⅱ型である。

ところで、北九州地域で二世紀末頃まで盛行した甕棺《カメカン》墓は、三世紀に入ると箱式石棺や石蓋土壙墓に移行した。そして、内行花文鏡などの後漢鏡や小型仿製鏡第Ⅱ型は箱式石棺や石蓋土壙墓から数多く出土し、甕棺墓から出土することはほとんどない。

以上のことから、終末期銅鐸の銅原料は三世紀中頃以降に北九州から近畿・東海地域に移動したと考えられる。したがって、終末期銅鐸がつくられた時期は三世紀中頃から四世紀のはじめ頃と推定できる。

そして、終末期銅鐸の大量の銅原料を北九州から畿内地方にもたらしたのは、二七〇年代に北九州から東遷してヤマトと併合したトヨの邪馬台国勢力（ワニ氏を中核とする出雲系氏族）であったと考えられるのである。詳細は第5章5をご覧ください。

近畿式銅鐸の出土が一番多い滋賀県（近江）はワニ氏と物部氏の拠点であり、和歌山県（紀伊）もニギハヤヒ東遷の随伴者天《アメ》の道根《ミチネ》の支配地であった。また、三遠式銅鐸の出土地である遠《トオ》江《トウミ》や三河・尾張はヤマトから移住した物部氏族の支配する地域で、『旧事紀《クジキ》』によれば、いずれもニギハヤヒの子孫（物部氏族）が国造になっている。いずれにしても、終末期銅鐸が出雲族（物部系氏族）と密接につながっていることは確かであろう。

第4章　イワレヒコ（神武天皇）とニギハヤヒ

1　イワレヒコの系譜

『記・紀』には、アマテラスから始まりアメノオシホミミ→ニニギ→ヒコホホデミ→ウガヤフキアエズの四代の系譜が記されている。イワレヒコはウガヤフキアエズの御子である。アマテラスの御子は八人で、全国の八王子神社ではほとんど次の八名が祀られている。

（長男）アメノオシホミミ　（次男）アメノホヒ　（三男）アマツヒコネ　（四男）イクツヒコネ　（五男）クマノクスヒ　（長女）タキリ姫　（次女）タギツ姫　（三女）イチキシマ姫　である。

ところが、不思議なことに、アメノオシホミミとアメノホヒは各地の神社で祀られているが、アマツヒコネとイクツヒコネ・クマノクスヒの三名は、「八王子」や「五男セット」以外にはほとんど単独で祀られることはなく、何ひとつ伝承も残っていない。

一方、ニニギ・ヒコホホデミ・ウガヤフキアエズは多くの神社で祀られている。

これは何を意味するのだろうか。

次男のアメノホヒ（出雲国造《クニノミヤツコ》の祖）はスサノオとともに日向から出雲へ移ったと考えられるので日向の系譜から除くと、アマテラスの御子アマツヒコネ・イクツヒコネ・クマノクスヒの三名は、それぞれニニギ・ヒコホホデミ・ウガヤフキアエズの三名に符合する。

つまり、ニニギ・ヒコホホデミ・ウガヤフキアエズは兄弟で、アマテラスの三男〜五男であり、『記・紀』は歴史を古く見せるために、五男を四代に改竄したと考えられる（添付資料表1・表2をご覧ください）。

〈根拠〉

●アメノオシホミミの妃はタクハタチヂ姫である。系譜の改竄によってアメノオシホミミの御子はニニギとされたため、実子と思われるアメノタヂカラオが系譜から除かれた。

ところが、伊勢神宮の内宮には主祭神アマテラス大神の相殿神《アイドノガミ》としてタクハタチヂ姫とアメノタヂカラオの母子がこっそり祀られているのである。この祭神の組み合わせは『記・紀』の観点に立てば何とも不思議であるが、アマテラスにとって二人は長男の嫁と嫡孫《チャクソン》である。

この三神がセットで祀られている神社には、安賀多神社（延岡市）・伊勢神社（国分市）・大神宮（茨城県那珂郡）など『記・紀』成立前後に創祀された社が多い。

●ニニギは隼人《ハヤト》族の娘アタツ姫と結婚して、ホデリ（海幸彦）とホオリ（山幸彦別名ヒコホホデミ）が生まれたことになっている。ところが、ホデリは隼人族の祖とされているのに、ホオリ（ヒコホホデミ）は隼人族とは関係がない。つまり、ヒコホホデミはニニギとアタツ姫の御子ではない証しである。

●ヒコホホデミとウガヤフキアエズの妃はともに阿曇《アズミ》海人族の首長トヨタマヒコの娘で、それぞれ姉のトヨタマ姫と妹のタマヨリ姫である。したがって、ヒコホホデミとウガヤフキアエズは父子ではなく兄弟と考えるのが自然である。

さらに、ヒコホホデミとトヨタマ姫の御子がウガヤフキアエズとされたため、実子と考えられる安曇磯良《アヅミノイソラ》（穂高見）が系譜から除かれた。しかし、対馬の豊玉町には阿曇族の祖といわれるアヅミノイソラはトヨタマ姫の御子という伝承が残っている。おそらく、系譜の改竄により闇に葬り去られたのであろう。

2 「イワレヒコ東征説話」の真実

(1) イワレヒコの東遷

イワレヒコの存在について否定的な学者が多い。しかし、イワレヒコに関する伝承や事蹟は数多くあり、決して架空の人物として済ますことはできない。なぜならば、イワレヒコは古代日本の歴史の中で最大の関心事である邪馬台国と初期ヤマト王権に関わる重要な人物だからである。

伝承が語るイワレヒコは二一〇年頃日向（宮崎県）で生まれた。父はアマテラス（ヒミコ）の末子ウガヤフキアエズ・母はタマヨリ姫で、アマテラスの孫にあたると考えられる。

ところで、二一〇年代後半にオオナムチが亡くなると、邪馬台国と出雲王国の王位継承をめぐり、出雲族と日向族の間で争いがおこった。日向族は九州各地に滞在していた出雲族を打ち破って邪馬台国を支配し、倭国連合の覇権を握った。そして、邪馬台国の三代目の王になったのがアマテラス（ヒミコ）である。日向族は二二〇年代後半に大挙して出雲に侵攻して、出雲王国を征服したと思われる。

日の出の勢いにあった邪馬台国の女王アマテラスと参謀タカミムスビの次の狙いは、日本列島の中心地にあって急速に勢力を拡大しているヤマト王権を実質支配することであった。

幸いにも、ニギハヤヒ大王家の相続人はミトシ姫である。そこで、アマテラスはウガヤフキアエズの末子イワレヒコをヤマトのニギハヤヒ大王家に婿入りさせて、ヤマト王権を継承させることを目論んだ。

交渉役をつとめたのは、オオナムチとタキリ姫の子アジスキタカヒコネ（出雲名タケツヌミ）である。アジスキタカヒコネは、スサノオがオオナムチに授けていた出雲王権の象徴である神剣「布都魂剣《フツミタマ》」をヤマト王権に返還し、「ヤマトと日向の大同団結」を名目に二人の縁談を提案した。

ヤマト側の意見はふたつに分かれた。ウマシマジの伯父でヤマト王権の長老ナガスネヒコは、日向の御子をヤマト王権の後継者に迎えることに強く反対した。しかし、ウマシマジは条件付でこの提案を受け入れる決断をする。

縁談がまとまり、イワレヒコは二三〇年代後半に九州（日向）からヤマトに向けて東遷した。これが『日本書紀』の「神武東征説話」の実相であると考える。

『日本書紀』は神武天皇条で「東の方に美しい国があり、青山に囲まれたすばらしい国である。だが、そこには先に天磐船《アマノイワフネ》に乗って天下ったものがいる。思うにそのものはニギハヤヒというものであろうが、わたしたちもそこへ行って国を建てよう」と記している。つまり『日本書紀』の編者は神武天皇の東遷以前にニギハヤヒがヤマトに天下り、ヤマトを統治していたことを認めざるを得なかったのである。

さらに、「ニギハヤヒは物部氏の遠祖《トオツオヤ》なり」とも記し、初期ヤマト王権が物部王権であったことを示唆している。

イワレヒコの随伴メンバーは明らかに祭祀を中心としたメンバーだったと思われる。護衛は大伴氏の祖道臣《ミチノオミ》が来目部《クメベ》を率いていただけで、日向の勇将といわれるタケミカヅチやフツヌシ・

アメノコヤネ等は誰も加わっていない。ヤマトを武力征圧する陣容ではなかった。

当時、物部氏族はニギハヤヒの東遷メンバーから明らかなように、瀬戸内沿岸地域や摂津・河内に拠点をもち、瀬戸内航路をほぼ掌握していたと考えられる。したがって、イワレヒコ一行はむしろ物部氏族の各拠点に滞在しながら、その支援によって東遷したといえるであろう。

ところが、一大事件が発生した。イワレヒコの婿入りに反対するナガスネヒコが、河内の孔舎《クサ》衙《カ》坂でイワレヒコ一行を攻撃してヤマト入りを妨害したのである。窮地に追い込まれた一行は紀伊半島を迂回して、物部氏の拠点熊野の地に上陸した。

ウマシマジはこの事態に急遽アメノカヤマ（タカクラジ）を派遣している。アメノカヤマはヤマト側に戦う意思がないことを示すため、同盟の証である「布都魂剣《フツミタマノツルギ》」を持って熊野にかけつけた。こうして熊野の地で日向とヤマトの盟約が再確認され、決裂寸前だった信頼関係を取り戻した。そのため、「布都魂剣」は「国《クニ》平《ム》けの神剣」と讃えられたのである。

この結婚を仲介したアジスキタカヒコネ（『記・紀』の八咫烏《ヤタガラス》）は熊野に出向き、イワレヒコ一行をヤマトまで案内した。

『記・紀』はイワレヒコのヤマト入りを勇猛果敢に書いているが、ヤマトの物部王権の主力部隊は戦うことなくイワレヒコ一行をヤマトに迎え入れていることは明らかである。

〈ヤマトと日向の盟約〉

ウマシマジはヤマト王権の統治権を神武天皇に譲るにあたり、日向との間で以下の内容の盟約を結んだものと思われる。

●宮中に皇祖神ニギハヤヒの御魂を奉斎すること。

●天皇の宮は天香具山以西とし、纏向の地にはウマシマジの子孫・磯城《シキ》県主《アガタヌシ》（のちの物部氏）とその一族が居住すること。

●天皇は代々日向系から立てるが、皇后はウマシマジの子孫（磯城県主）の系統から迎えること。

●ヤマト王権の最高職はウマシマジの子孫が代々その職を継承すること。

(2) 初期ヤマト王権の継承

神武天皇が初期ヤマト王権を継承された痕跡は数多く残っている。

●大神神社の摂社に「御子宮《ミコミヤ》」と呼ばれる神座日向《ミワニマスヒムカイ》神社（祭神日向王子《ヒムカノミコ》）と高宮《コウノミヤ》神社（祭神日向御子神）がある。この「日向王子」や「日向御子神」は文字通りイワレヒコ（神武天皇）のことであろう。この社は、イワレヒコが日向の地からニギハヤヒ大王家に婿入りされたことを端的に物語っている。

さらに、大神神社を通る「山の辺の道」には、ミトシ姫が住んでいたと伝わる「出雲屋敷」と呼ばれる場所がある。近くには「神武天皇がイスケヨリ姫（ミトシ姫）の御家ありし狭井河《サイカワ》の上に行幸された」旨の碑文を記す「神武天皇聖蹟碑」が建っている。また、四世紀後半から六世紀頃の遺物が数多く出土する山ノ神遺跡も近い。

なぜ、ニギハヤヒゆかりの地でミトシ姫が住んでいたと伝わる館が、一八〇〇年もの間「出雲屋敷」と呼ばれてきたのだろうか。やはりこれは、「ミトシ姫の父ニギハヤヒ大王が出雲からやってきた」という厳然たる事実が人々の脳裏に深く刻まれていたからであろう。

神武天皇聖蹟碑

●石上神宮の年表に、「当神宮の創祀《ソウシ》は神武天皇即位元年で、即位の年に神剣布都魂《フツノミタマ》（韴霊）と十種神宝《トクサノカンダカラ》が宮中に奉斎された」ことが記されている。布都魂剣はスサノオが出雲国を平定した神剣であり、十種神宝はニギハヤヒ大王の王位継承のしるしである。このことは神武天皇がニギハヤヒ王権を引き継がれたことを明確に告げている。

●天皇の宮

盟約通り、神武天皇の宮（皇居）はヤマト王権の都（纏向）周辺ではなく、都を離れた「カシハラ」に置かれた。神武天皇がヤマトを征服したのであれば、当然ヤマト王権の都（纏向）に宮を置いたはずである。

また「カシハラ」の所在地は橿原《カシハラ》市の「橿原宮」とされているが、『記・紀』の記述内容や『大和志』などの古文書から判断すると、「カシハラ」は御所《ゴセ》市の「柏原」と推定できる。『日本書紀』神武天皇条に「天皇の御巡行があった。腋上嗛間《ワキガミホホマ》の丘に登られ、なんとすばらしい国を得たことだ。狭い国ではあるけれども、蜻蛉《アキツ》が臀呫《トナメ》しているように山々が連なり囲んでいる国だ。」といわれたことが記されている。これが「秋津嶋」の名のおこりである。

この腋上の嗛間とは、現在の御所市腋上（掖上）と本馬のことである。そして、二代綏靖《スイゼイ》天皇から六代孝安天皇まで、宮はすべて御所市とその周辺にあった。「御所」の地名は御所（宮）のあった所の意味であろう。

一方、ヤマト王権の都・纏向周辺地域（磯城嶋《シキシマ》と呼ばれた）には、ウマシマジと物部系氏族（磯城県主他）が居住していた。つまり、ヤマト王権の都は纏向で、御所市を中心とする葛城《カツラギ》地域はサブの宮都として発展したと考えられるのである。

葛城地域には、神武天皇の皇后ミトシ姫やアメノカヤマと尾張系氏族、そして神武天皇の片腕として活躍したアジスキタカヒコネや日向の重臣たちが居を構えた。

それを証明するのは、御所市に『延喜式』記載の由緒ある神社が一三社も密集していることである。

●大神神社の別宮で葛城賀茂神社といわれる鴨都波《カモツバ》神社は腋上の地にある。古代の豪族鴨族の発祥地で、京都をはじめ全国に分布する鴨社もすべて源をこの地に発している。神社の境内地を中心にして周囲一帯は弥生時代中期頃の遺跡（鴨都波遺跡）で、土器・石器・各種の農具類が多数出土し、高床式の住居跡も発掘されている。主祭神はコトシロヌシになっているが、崇神天皇の時代の創祀で大三輪社の別宮と称されたことから、本来の祭神は三輪の大神であったと考えられる。

●葛木御歳神社はミトシ姫（神武天皇の皇后）とオオトシ父子を祀る社である。背後の御歳山には巨大な磐座《イワクラ》があり、ミトシ姫の神陵といわれている。

●高鴨《タカガモ》神社も鴨一族発祥の地で、「八咫烏《ヤタガラス》」と称された日向の重臣アジスキタカヒコネ（タケツヌミ）を祀っている。

●葛木坐火雷《ホノイカヅチ》神社はホノイカヅチ（ニギハヤヒ）とアメノカヤマを祀る古社である。

●葛城一言主《ヒトコトヌシ》神社のヒトコトヌシ大神は『古事記』の雄略天皇の故事で知られている。

これらの神社の祭神は、いずれも神武天皇と密接につながっている。

●『記・紀』に記されている后妃《コウヒ》についても、二代綏靖《スイゼイ》天皇から七代孝霊天皇の六代の間に磯《シ》城県主《キアガタヌシ》を出自とする女性は九名に及んでいる。しかも二代から四代までの天皇の皇后(正妃)はすべて磯城県主の出である。しかしながら、磯城地域の行政組織(県《アガタ》)の首長の子女が、何代もの天皇の后妃になることなど常識ではありえない。これはヤマト王権の皇后家がニギハヤヒ大王直系の物部氏族であったことを証明している。

〈新生日本の誕生〉

イワレヒコはヤマト王権のニギハヤヒ大王家に婿入り(ミトシ姫と結婚)され、ウマシマジはヤマト王権のしるし「十種神宝《トクサノカンダカラ》」を神武天皇に献上して王権を譲った。ここに初めてヤマト(出雲)と日向は統一国家の建設に向けて第一歩を踏み出すことになった。神武天皇が「ハツクニシラス天皇」と称されるゆえんである。

神武天皇即位の年(皇紀)について、明治政府は紀元前六六〇年の辛酉《カノトトリ》年と定めた。しかしながら、神武天皇はアマテラス(ヒミコ)の孫と考えられるので、「辛酉の年」を信用すれば、即位の年は西暦二四一年が妥当と考える。

三世紀前半に出雲王国を征服した日向族は、神武天皇即位以降多くの人材をヤマトに投入した。日向からニニギの多くの御子たちが、また、出雲からはアメノホヒの孫たちが次々にヤマト入りして、畿内を中心に各地の首長となり神武天皇を支えた。こうして、日向族はヤマト王権内での勢力を徐々に拡大したものと思われる。

3　鎮魂祭《ミタマシズメノマツリ》

①物部氏の秘儀

石見《イワミ》国一の宮　物部神社の記録に「辛酉《カノトトリ》年正月朔日《ツイタチ》　天皇即位し給う時祭神ウマシマジは神盾《カンタテ》を立て十種神宝を安置して奉《イワ》い斎《マツ》る。……此の年十一月朔日　十種神宝を斎《イツ》きて鎮魂の式を行う　今　宮中に於て十一月二十二日夜行われる『鎮魂祭』ここに始まる」と記されている。

また、『旧事紀《クジキ》』の天皇本紀には、「宇麻志麻治《ウマシマジ》命天瑞宝《アメノミズノタカラ》を献《タテマツ》る。亦神楯《マタカンタテ》を堅《タテ》て以《モ》て斎《モノイミ》します。五十櫛《イソクシ》と謂《イ》ふ。亦《マタ》は今木を布都主剣に刺繞《サシメグラ》し、大神を殿内《ミアラカノウチ》に奉斎《イワイマツ》る」とある。この「大神」とはもちろん大神神社の神ニギハヤヒのことである。

つまり、神武天皇が即位されたとき、盟約通り宮中に皇祖神ニギハヤヒが奉斎されたことを記している。ちなみに、アマテラス（ヒミコ）は西暦二四八年頃亡くなっており、即位の年には健在であったため宮中に奉斎されていないということであろう。『大倭《オオヤマト》神社註進状』によると、天照大神は五代孝昭天皇元年に天皇の大殿（皇居）に祭られたようである。

ところで、物部神社の「鎮魂祭」の記録は非常に重要な意味をもっている。なぜならば、神武天皇即位以来今日まで、この「鎮魂祭」が毎年十一月二二日に宮中と石上《イソノカミ》神宮、水無《ミナシ》神社（高山市）で、毎年一一月二四日に物部神社（大田市）で夕方同時刻に執り行われているからである。

「鎮魂祭」は物部氏の秘儀である。「鎮魂祭」では物部祝詞《ノリト》とも呼ばれる「十種祓詞《トクサノハラエノコトバ》」が奏上される。十種神宝《トクサノカンダカラ》の名を奏上することから始まり、十種神宝を用いて「ひふみよいむなやここのたり　ふるべゆらゆらとふるべ」と呪文《ジュモン》を唱えながら、ゆらゆらと振る所作である。

「十種神宝」とは、息津鏡《オキツ》、辺津鏡《ヘツ》、八握劒《ヤツカノツルギ》、生玉《イクタマ》、足玉《タルタマ》、死返玉《マカルガエシノタマ》、道返玉《チガエシノタマ》、蛇比礼《ヘミノヒレ》、蜂《ハチ》比礼《ノヒレ》、品々物比礼《クサグサノモノノヒレ》の十種の神宝をいう。

石上神宮と物部神社はニギハヤヒを祀る物部氏の本丸であり、水無《ミナシ》神社は飛騨国一の宮で、ミトシ姫を主祭神にオオトシ・神武天皇他を祀る由緒ある社である。

神武天皇即位の年に始まった「鎮魂祭」は、ヤマトの大王ニギハヤヒ（皇祖神）の御魂を鎮め、

石上神宮 楼門

改めて天皇・皇后の末永い寿を偉大な大王に請い祈られた祭りであるといえるであろう。そして、宮中とこれらの神社では、以来悠久の時をこえて今日まで、「鎮魂祭」が執り行われていることは厳然たる事実である。この事実は神武天皇がヤマトのニギハヤヒ王権を継承された何よりの証しと思われる。

②生島神と日本大国魂大神

ナニワの最古の神社である生国魂《イククニタマ》神社は、生島《イクシマ》大神・足島《タルシマ》大神を主祭神に相殿に大物主大神を祀っている。由緒には、「神武天皇が九州より難波津にお着きになった際、現在の大阪城付近に生島大神・足島大神を祀られたのが当社の創祀《ソウシ》と伝えられている。祭神は万物の創造・生成発展をつかさどる大八洲《オオヤシマ》の国魂神である。平安時代には歴代天皇即位の際八十《ヤソ》島《シマ》祭りが斎行された」と記されている。

「八十島祭り」は生島神・足島神に国土の生成発展と御代の安泰を祈願する天皇ゆかりの古い祭事であった。じつは、この八十島祭りで「タマフリ」の儀礼が行われたが、この御魂

生国魂神社

祭儀は物部氏の秘儀「鎮魂祭」と密接につながっている。そして、「大八洲の国魂神」とは、十代崇神天皇の時まで宮中に奉斎されていたという大和《オオヤマト》神社の祭神「日本大国魂大神《ヤマトオオクニタマ》」のことである。この神は大神神社の大神の神霊であり、ヤマトを造成した神として崇められたニギハヤヒのことと考えられる。

ところで、現在宮中には生島巫《カンナギ》が奉斎する生島神・足島神が祀られている。この神は生国魂神社の祭神と同じである。つまり、神武天皇即位の年に宮中に奉斎された大神（ニギハヤヒ）の神霊は、十代崇神天皇の時に宮中から遷されて、大和神社に「日本大国魂大神」の名で祀られた。しかし、宮中では『記・紀』の記述に関係なく、生島神の名でニギハヤヒを、足島神の名でスサノオを祀られていることになる。

さらに、生島神と足島神を祀る社に名神大社の生島足島神社（上田市）がある。タケミナカタが出雲から諏訪の地に下向の途次に、大八洲の国魂神を祭祀したと伝わる。

4　初代皇后の謎

①ミトシ皇神《スメガミ》

神武天皇の皇后は、『古事記』ではオオモノヌシの娘ヒメタタライスケヨリ姫、『日本書紀』ではコトシロヌシの娘ヒメタタライスズ姫と記されている。ところが、『記・紀』の記す皇后を祀る神社は、全国の神社を調べてもほとんど見当たらない。わずかに、明治時代に創建された橿《カシ》原《ハラ》神宮や大神神社の摂社狭井《サイ》神社と率川《イサガワ》神社でヒメタタライスズ姫が祀られているだけである。

初代皇后であれば、当然神武天皇やオオモノヌシ（ニギハヤヒ）と一緒に祀る社があるはずだが、まったくといえるほどないのである。したがって、『記・紀』に記された名前の皇后は実在しなかったとしか考えられない。

『古事記』は「初代皇后は三輪の大神オオモノヌシの娘」と記し、オオトシの系譜の中でオオトシの子としてミトシ姫を記している。ところが、これまで述べたとおりオオモノヌシとはニギハヤヒ（オオトシ）のことである。したがって、皇后はニギハヤヒ大王の娘ミトシ姫ということになる。ミトシ姫は二一〇年頃生まれた。古代は末子相続のため、ニギハヤヒ大王家の相続人であった。そして「イワレヒコの東征」とは、イワレヒコがヤマトの大王家ミトシ姫との結婚のためヤマト入りされたことを記したものと考えられるのである。

しかし、『記・紀』はこの事実を隠すために、ヤマトの大王ニギハヤヒの名をあらゆる手段を使って抹殺したが、ミトシ姫も同じ運命を辿ることになった。

ところが、古来朝廷で豊作祈願のため年頭に行われた国家祭祀「祈年祭《トシゴイノマツリ》」の祝詞《ノリト》には「御年皇《ミトシスメ》神等《ガミタチ》の前に曰《マウ》さく」とあり、まず最初に御年皇神の名が読みあげられる。ミトシ皇神はこの祭り

のもっとも重要な神とされているのである。祈年祭の起源について『古語拾遺』は、大地主神《オオトコヌシ》が

ミトシ神の祟りを恐れて穀物の豊饒を祈った話を伝えている。

②ミトシ姫を祀る神社と伝承

ミトシ姫を祀る神社の伝承や神事の内容などを詳細に調べると、ミトシ姫の実像がみえてくる。

●水無《ミナシ》神社（高山市）

ミトシ姫を主祭神にオオトシや神武天皇他を祀る社である。当社は飛騨国一の宮で、創建年代は神代にありとされる古社である。この神社はミトシ姫の実像を示す重要な証拠を残している。

●五月二日の例祭に「水無皇大神宮」の幟《ノボリ》が立てられる。

「皇大神宮」とは「皇大神の宮」のことである。つまり、ミトシ姫が皇大神（皇祖神）であることを告げている。

●毎年一一月二二日夜に特殊神事「鎮魂祭《ミタマシズメノマツリ》」が執り行われている。先に述べたとおり、この神事はニギハヤヒの御魂を鎮める神事である。その「鎮魂祭」が毎年同日同時刻に当社と宮中そして石上神宮で行われることからも、ニギハヤヒ（オオトシ）とミトシ姫そして神武天皇の関係は明らかである。

●奥宮の位山《クライヤマ》でとれる一位《イチイ》の笏《シャク》が今も天皇御即位の際に献上されている。

●葛木御歳神社《カツラギ》（御所市）

祭神はミトシ姫、オオトシ、タカテル姫を祀る。

朝廷の尊崇が篤く、『延喜式』名神大社に列した古社である。ミトシ姫は稲の神・五穀豊穣をもたらす神として名高い。背後の御歳山はミトシ皇后の神陵である。正月に祭られる「年《トシ》神《ガミ》さま」とは、オオトシ・ミトシ・ワカトシのことといわれている。

●大和《オオヤマト》神社（天理市）

祭神はヤマトオオクニタマ、ヤチホコ、ミトシ姫を祀る。ミトシ姫は父ヤマトオオクニタマ（ニギハヤヒ）と一緒に祀られている。

●向日《ムコウ》神社（向日市）

ムコウ神とホノイカヅチ、神武天皇、タマヨリ姫を祀る社である。ムコウ神とはミトシ姫のことで、神武天皇と一緒に祀られている。ホノイカヅチは『山城国風土記』逸文に記されている「丹塗矢の神」つまりニギハヤヒのことである。

●大歳（年）神社（西日本各地にあるが、特に兵庫県に密集している）

祭神はほとんどオオトシ、ミトシ、ワカトシの三神が祀られている。

●ミトシ姫を祀る神社は西日本に数多くあるが、「御歳（年）神社」は意外に少なく一〇社《ヤシロ》しかない。ところが、そのうち八社が南九州（宮崎県六社、鹿児島県二社）に集中している。そのうえ、宮崎県には大歳神社が五社もある。

このヤマトと南九州（日向）を結ぶのは、ヤマトの大王ニギハヤヒ（オオトシ）の相続人ミトシ姫が、日向出身の神武天皇の皇后であったことに由来するのではないだろうか。神武天皇の故郷日向ではミトシ姫が皇后であったことはよく知られていたのであろう。

ここにも、太古の歴史の一端をかいま見ることができる。

第5章　邪馬台国の変遷

1　二代目の王　オオナムチ

九州統治の都邪馬台国の基礎を築いたスサノオは、一八〇年頃出雲で亡くなった。出雲王国と筑紫国（邪馬台国）の統治権は、スサノオの末娘スセリ姫と結婚してスサノオ家の養子となったオオナムチに引き継がれた。オオナムチは出雲王国と筑紫国の二代目の王として広大な領域を受け継ぎ、約三〇年ほど在位したようである。

オオナムチは出雲王国の宮（政庁）を雲南市の三屋《ミトヤ》神社の地においた。三屋神社の由緒にその痕跡が残っている。延喜二年の棟札に「奉再建一宮大明神社殿一宇」とあり、裏書に「素戔鳴《スサノオ》尊之御子大己貴《オオナムチ》命天下惣廟神明也」と明記されている。また、『出雲国風土記』にも「大神の御門此処にある故に御門屋《ミトヤ》という。七二六年〝三屋〟に改む」とある。つまり、三屋神社の地はもともとオオナムチの御門《ゴモン》（政庁）のあった場所であることを告げている。実際、昭和三四年に神社の裏山（松本地区）から出雲で最大級の前方後方墳が発見された。出土品は銅鏡、ガラス玉、管玉《クダタマ》、鉄器、刀子、物入れ、土器類で、正妻スセリ姫のお墓であると思われる。

アマテラスはオオナムチを懐柔するため長女タキリ姫をオオナムチと結婚させた。二人の間にはアジスキタカヒコネとシタテル姫そしてコトシロヌシの三人の子が生まれている。オオナムチは出雲王国の統治をスサノオの長男八島野《ヤシマヌ》にまかせて、温暖な日向の地に長く滞在したと考えられる。この推理を裏づけるように、邪馬台国の政庁があった宇佐周辺地域や出雲族の拠点であった久留米（高良山）周辺地域にはオオナムチを祀る神社や伝承は少ない。一方、日向国の西都《サイト》市や本城町・都農《ツノ》町にかけてオオナムチを祀る神社が目立っている。都農町にある日向国一の宮都農《ツノ》神社の祭神がオオナムチである。また、本城町の此木《ヒキ》神社はオオナムチとタキリ姫を、西都市の印鑰《インニャク》神社はオオナムチを祀っている。

一方、アマテラスは九州の地元勢力をまとめて、日向族の地盤を着々と固めていた。長男アメノオシホミミはアマテラスの参謀タカミムスビの娘と結婚し、三男のニニギは西薩摩の豪族（隼《ハヤ》人族《ト》）の娘アタツ姫と結婚した。また、九州一円と朝鮮半島への海上ルートを支配していた対馬の豪族豊玉彦《トヨタマヒコ》一族とのパイプを強めるため、四男ヒコホホデミは入婿して跡取り娘トヨタマ姫と結婚し、五男のウガヤフキアエズは妹のタマヨリ姫と結婚した。

アマテラスはオオナムチ大王の義母として隠然たる力を持つようになった。オオナムチは形式的には邪馬台国の大王であったが、九州統治の実権は徐々にアマテラスと参謀タカミムスビに移った。そのような状況下で、二一五年から二二〇年頃、オオナムチ大王は日向の地で亡くなったと思われる。なぜならば、オオナムチには出雲で亡くなった痕跡が見当たらないからである。逆に、三百数十の古墳が密集する日向の西都原古墳群の中にひとつだけ出雲式の方形古墳がある。おそらくオオナムチの神陵であろう。

2　「ヒミコ」と「アマテラス」

『魏志』倭人伝に記されている「女王卑弥呼《ヒミコ》」は実在した人物と考えられるが、「ヒミコ」を祀る神社や伝承は皆無である。ところで、アマテラスは『日本書紀』の本文に、「大日孁貴《オオヒルメノムチ》」の名で登場している。「孁《ルメ》」は「巫女《ミコ》」の意味で、「日孁《ヒルメ》」は「日巫女《ヒミコ》」となる。つまり、太陽神を祀る巫女のことである。このヒミコ（日巫女）は『魏志』倭人伝のヒミコ（卑弥呼）と符合する。

安本美典氏は『倭王卑弥呼と天照大御神伝承』の中で、アマテラスは邪馬台国の女王ヒミコのことではないかと推理している。

〈根拠〉

- イワレヒコ（神武天皇）はアマテラスの孫で、神武天皇即位の年（辛酉《カノトトリ》）を二四一年と仮定すると、アマテラスは邪馬台国の女王ヒミコが活躍していた時期と重なる。

●アマテラスとヒミコはともに女性で、シャーマン的な宗教的権威を持っていた。

●アマテラスにはタカミムスビという名参謀がいて政治面を支えていたとされているが、これは倭人伝の「ヒミコと男弟」の記述と似ている。

●「ヒミコ」を祀る神社や伝承はまったくないが、オオヒルメ（アマテラス）を祀る古社は各地に数多くある。ヒミコをオオヒルメ（アマテラス）と考えると、古代の多くの問題が矛盾なく理解できる。

●『古事記』の神代の記述の中で、唯一年代が特定できる事件がある。それがアマテラスの「天の岩戸事件」である。北九州では二四七年と二四八年の二年にわたって皆既日食が起きていたことが確認されている。二四八年は邪馬台国のヒミコが死んだ年である。つまり、ヒミコの死と前後して二度も皆既日食（太陽の死と再生）の現象が起こっているのである。

この異常な現象は、古代の人々にヒミコと太陽の関係について強烈な衝撃を与えたに違いない。アマテラスの「天の岩戸事件」は、このヒミコの死と皆既日食の現象が重なったことが神話化されたものと考えられるのである。

3　邪馬台国の相続争い（出雲族と日向族の争い）

⑴女王「卑弥呼《ヒミコ》」の誕生

二一五年から二二〇年頃出雲王国と筑紫国（邪馬台国）の王であったオオナムチは、本拠地の出雲ではなく日向の地で亡くなった。遠征先の日向で亡くなったことから、出雲と日向の間でにわかに相続争いがおこった。

出雲族はオオナムチの出雲の御子タケミナカタを相続人とし、日向族はオオナムチとタキリ姫の末子コトシロヌシを正統な相続人であると主張した。

オオナムチを日向に取り込んで着々と準備を進めていた日向族は、まず九州各地で邪馬台国を統治していた出雲族を打ち破り、九州地域の支配権を奪った。相続人のコトシロヌシは幼少のため、二二〇年頃ヒミコ（アマテラス）が邪馬台国の女王になる。

『魏志』倭人伝は「其の国本《モト》亦男子を以って王と為し　住《スマウコト》　七・八十年　倭国乱れて相攻伐すること歴年乃ち共に女子を立てて王と為す　名を卑弥呼《ヒミコ》という」と記している。

この文章を正しく理解することが、邪馬台国を知る上で非常に重要である。

一般的には、

- 「其の国」を「倭国」と解して「倭国はもと男子の王が七・八十年間治めていた」とする。

●「倭国乱れて相攻伐すること歴年」を「倭国大乱」（一六〇年から一八〇年頃）のこととしている。

●したがって、卑弥呼は倭国大乱後に邪馬台国の女王になったことになる。

しかし、それでは意味が通じない。

●「其の国」と「倭国」は明確に区別されている。

つまり、「倭国」とは北九州の倭国の連合体を意味しているが、「其の国」とは邪馬台国のことである。したがって、この文章は「邪馬台国はもと男子の王が統治していたが、倭国内の争乱の後其の国の女王に卑弥呼が共立された」と読める。

●其の国（邪馬台国）の男子の王とはスサノオとオオナムチのことである。

●「住《スマウコト》七・八十年」の解釈は、一般的には「トドマルコト」と読んで、「男子の王が七十年から八十年統治していた」とする。しかし、「住」は「イマオサル」と解することができる。

著者陳寿《チンジュ》は二八〇年から二九〇年頃「倭人伝」を書いたと思われるが、「その七十年から八十年前」と解する方が自然である。つまり、「二一〇年から二二〇年頃倭国が乱れて争った」と読める。

●したがって、「倭国乱れて相攻伐すること歴年」とは、中国の歴史書に記載されている「倭国大乱」（一六〇年から一八〇年頃）とは別の争乱である。

倭国大乱後にヒミコが女王になったとすると、二四八年に亡くなった時に一〇〇歳を超えていたことになる。つまり、この争乱はオオナムチの死後出雲族と日向族が邪馬台国の相続権をめぐって激しく戦ったことを指している。

二二〇年頃日向族が勝利を収めて女王ヒミコが誕生した。『魏志』倭人伝に登場する邪馬台国は、ヒミコ（アマテラス）が三代目の王として統治していた頃の邪馬台国である。

(2) 日向族の出雲侵攻

初期ヤマト王権のニギハヤヒ大王も二二〇年頃亡くなった。ニギハヤヒの存命中はヤマト王権の様子をうかがっていた日向族は、ニギハヤヒ死亡の知らせを聞いて出雲侵攻を開始した。

ヤマト王権の相続人ミトシ姫の後見人として政治を代行していたウマシマジは、ヤマトで生まれ育っている。父の故郷出雲が日向族に侵攻されても、具体的な手を打てず傍観するほかなかった。

日向族は大挙して出雲王国とその周辺地域に押し寄せ、二二五年から二三〇年頃出雲王国を制圧した。弥生時代中期以降大いに繁栄した出雲王国は突然崩壊した。

『記・紀』神話の「出雲の国譲り」はまさにこの事件を伝えていると思われる。

出雲の加茂岩倉遺跡から出土した三九個もの銅鐸の一斉埋納と、青谷上寺地《アオヤカミジチ》遺跡と妻木晩田《ムキバンダ》遺跡の突然の衰退、そして何よりも青谷上寺地遺跡で見つかった大量の傷ついた人骨はこの争乱を端的に物語っている。

4　女王「トヨ」の実像

(1)トヨウケ姫と邪馬台国

三世紀前半頃、日本にはヤマト王権と九州の邪馬台国の二つの倭国《ワコク》が併存していた。ところが、邪馬台国の女王ヒミコは二四八年頃亡くなった。日向族は後継者（男王）を擁立したが、再び日向族と出雲族の間で争いがおこった。出雲王国はすでに崩壊していたが、北九州の志賀海族や宗像海人族の一部そして北九州東部地域や瀬戸内沿岸地域に拠点をもつ出雲族や海部《アマベ》族はトヨウケ姫を擁立して、王位争いに積極的に関与したと考えられる。

一方、イワレヒコの東遷とヤマト王権の勢力拡大に伴って、ニニギの多くの御子たちがヤマト周辺地域に移っていたため、日向族の戦力は著しく低下していたようである。激しい戦いの末、今度は出雲系氏族が勝利を収め、トヨウケ姫（トヨ）が邪馬台国の四代目の王になった。トヨは拠点にしていた久留米周辺地域からスサノオが九州統治の宮を開いた宇佐に遷り、再び宮を置いたと考える。

『魏志』倭人伝は「男王に更《カ》え立てれども　国中服さず相誅殺す　時に当り　千余人を殺す卑弥

呼の宗女台与《トヨ》を立て　年十三にして王と為し　国中遂に定まれり」と記している。

私は、女王「トヨ」は伊勢神宮外宮の神トヨウケ姫（豊受大神）のことであると推理している。トヨウケ姫を邪馬台国の女王「トヨ」とする確たる証拠はない。しかし、トヨウケ姫を「トヨ」と考えることで数多くの問題が無理なく理解できる。

先に、『記・紀』のアマテラスは邪馬台国の女王「卑弥呼《ヒミコ》」のことであると推理した。アマテラスは伊勢神宮内宮の神であり、トヨウケ姫は外宮の神である。つまり、伊勢神宮は邪馬台国の女王ヒミコとトヨを祀っていると考えられるのである。伊勢神宮には数多くの謎がある。『記・紀』は外宮の鎮座はもとより祭神のトヨウケ大神の系譜をまったく記さず、「邪馬台国」についても一切触れていない。このことは、トヨウケ大神と邪馬台国のつながりを推測させるものである。

以下、トヨウケ姫を「トヨ」と考える根拠を示したい。

- 『記・紀』ではまったく無名のトヨウケ姫が、アマテラスと同様に「皇大《スメ》神」の名で呼ばれていることである。『延喜式祝詞《ノリト》』に「豊受皇大神の前に申さく」とあるのをはじめ、各地の神社でも「豊受皇大神」の称号で祀られているケースがかなりある。
- アマテラス（ヒミコ）は「オオヒルメ」の名で呼ばれたが、トヨウケ姫は「ワカヒルメ」という対の名で祀られている。「オオヒルメ」と「ワカヒルメ」の名は、邪馬台国の三代目と四代目の女王にピッタリの神名ではないだろうか。

●第2章2(2)で述べたように、邪馬台国の比定地である宇佐神宮の祭神「比売《ヒメ》大神」は、宇佐神宮の元宮と考えられる古宮八幡神社や香春《カワラ》神社の祭神トヨヒメと同じ神で、トヨウケ姫の可能性が高い。また、邪馬台国の時代に出雲族（古代物部族）の拠点となった高良大社をはじめ、筑紫平野の久留米周辺地域にも「トヨヒメ」を祀る社や伝承が数多く残っている。

●上野《コウズケ》国一の宮の一之宮貫前《ヌキサキ》神社（富岡市）の祭神が姫大神とフツヌシである。社記に「この神社は石上《イソノカミ》神宮を本貫とする物部氏の東方移住に伴い鎮祭された社で、養蚕・農業・鎮国・利民の霊神である」と記されている。

古代、上野国碓氷《ウスイ》郡一帯は物部氏族の磯部氏の支配地であった。したがって、磯部氏の祀る養蚕・農業・利民の神で「ヒメ大神」といえばトヨウケ姫に他ならない。フツヌシはもちろんニギハヤヒのことである。

●四国中央市にある豊受神社の神紋は「八咫《ヤタ》鏡の中に受」である。「八咫鏡」はヒミコから続く邪馬台国の王位継承のしるしであり、トヨウケ姫と邪馬台国のつながりを今に伝えている。

●トヨウケ姫はオオトシ（ニギハヤヒ）やミトシと一緒に「ワカトシ」の名で祀られている。西日本に数多く分布する大歳《オオトシ》（年）神社の祭神は、ほとんどオオトシ・ミトシ・ワカトシの三神である。また、ニギハヤヒの天照《アマテル》御魂《ミタマ》に対して若御魂《ワカミタマ》と対の名で祀られている。

オオトシ（ニギハヤヒ）は初期ヤマト王権の大王で皇祖であり、ミトシはニギハヤヒの跡取り娘で神武天皇の皇后である。つまり、トヨウケ姫は皇祖や初代皇后と並び称せられる古代歴史上重要な人物であったことを証明している。だから、『記・紀』はトヨウケ姫のことを記すことが出来なかったのであろう。

トヨウケ姫は、北部九州から中国・四国・瀬戸内沿岸・丹波・丹後そしてヤマト周辺地域に及ぶ数多くの由緒ある神社に祀られ、多くの伝承を残している。一般に御食津《ミケツ》神として知られているが、衣・食・住の守り神として、また、水（農業）の神・丹《ニ》（朱）の神・養蚕の神・埴《ハニ》（赤土）の神としてさまざまな神名で祀られ、多くの人々から崇められてきた。

神名は、豊受大神・豊受姫命・若宇迦能売《ワカウカノメ》命・豊宇迦能売《トヨウカノメ》命・宇迦之御魂《ウカノミタマ》神・稚日女《ワカヒルメ》尊・丹《ニ》生都比売《ウツヒメ》大神・稚産霊《ワカムスビ》命・大宜都比売《オオゲツヒメ》神（大御食津姫《オオミケツヒメ》）・若歳《ワカトシ》（年）神・若御魂《ワカミタマ》神・豊比咩《トヨヒメ》（売）命・姫大神・埴山姫《ハニヤマヒメ》神・埴夜須比売《ハニヤスヒメ》神などである。

詳細は『古代ヤマト王権の縁起と伝承』批評社を参照ください。

(2) トヨウケ姫の系譜

神社の伝承や多くの神社の祭神から判断する限り、トヨウケ姫の父はサルタヒコ・母はイチキシマ姫で、二〇〇〇年頃出雲で生まれたと考えられる。

①サルタヒコとイチキシマ姫の伝承

サルタヒコは出雲の神である。佐太《サダ》神社（松江市）の佐太大神はサルタヒコのことで、『出雲国風土記』の出雲国四大神の一柱である。サルタヒコは導きの神・塞《サイ》の神・また道祖神など「邪気を払って生命力を高める神」として広く信仰されてきた。

サルタヒコは海人族ワニ氏や磯部氏の遠祖である。したがって、ワニ氏や磯部氏の根拠地である伊勢やヤマト・近江・山城を中心にして各地で数多く祀られている。ところが、オオトシ（ニギハヤヒ）やトヨウケ姫につながる重要な神であるため、『記・紀』で隠蔽・改竄され、今なお正体不明の神のままである。

『島根県口碑伝説集』に「黄金の弓」という佐太大神の出生伝説がある。佐太大神は島根半島の岩屋「加賀《カカ》の潜戸《クケド》」で生まれ、母はキサカイ姫・父はオオトシであると伝えている。とすると、サルタヒコはオオトシの出雲時代の子ということになる。

それを証明するかのように、オオトシ（ニギハヤヒ）を祀る主要な神社にサルタヒコが「御子《ミコ》」の名で祀られ、二人の特別な絆がみられる。

- 佐太神社はサルタヒコを祀る本宮であるが、この神社は『出雲国風土記』に「佐太ノ御子社」と記されている。
- 大和《オオヤマト》神社（天理市）の主祭神はヤマトオオクニタマ大神（ニギハヤヒ）であるが、摂社の「増御子神社」にサルタヒコとアメノウズメが祀られている。

- 日吉大社（大津市）東本宮の祭神はオオヤマクイ神（ニギハヤヒ）である。東本宮の楼門を入った右手にある「内《ウチ》御子社」はサルタヒコを祀っている。
- 高良大社（久留米市）の祭神コウラタマタレ命はニギハヤヒの別名と考えられるが、摂社の「高良御子神社」にはタマタレノミヤ御子神が祀られ、サルタヒコを想起させる。

しかも、高良大社と同時期に創祀された高良下宮社（久留米市）もコウラタマタレ命を祀っているが、左右に素盞嗚《スサノオ》神社と幸《サイ》神社がある。祭神はスサノオとサルタヒコである。平《ヒラ》田《タ》篤胤《アツタネ》も『古史伝』の中で、「サルタヒコはスサノオの孫にあたり、オオトシの子でサダ大神と同神」と記している。

イチキシマ姫は宗像《ムナカタ》大社（宗像市）や厳島《イツクシマ》神社（廿日市市）の祭神三女神の一柱で、海の神・航海安全の神として崇められている。また、イチキシマ姫は仏神の弁才天と結びついて祀られているケースも多い。

『記・紀』神話によれば、三女神はアマテラスとスサノオの「誓約《ウケヒ》」によって誕生したと記されている。この記述は、スサノオの九州統治時代にスサノオとアマテラスの間にイチキシマ姫他三女神が生まれたことを示唆している。

スサノオとアマテラスそしてイチキシマ姫の関係は、八重垣神社（松江市）の壁画から推測できる。八重垣神社はスサノオとイナダ姫のオロチ退治ゆかりの社である。その社の壁画にアマテラスとイチキシマ姫が描かれているのである。スサノオとアマテラスの関係は神話が語るような姉弟でないことは確かであろう。

イチキシマ姫は出雲で育ったため、出雲族と深いつながりをもっている。宗像大社の伝承『宗像大菩薩御縁起』は「宗像神は出雲の簸川《ヒカワ》からやってきた」と記している。

②トヨウケ姫とサルタヒコ・イチキシマ姫の関係

神社の伝承と一緒に祀られている神々や神事の内容から三神の関係を探りたい。

●島根県隠岐の島町の厳島神社はイチキシマ姫を祀る社である。ところが、『神国島根』によると、この社の祭神はイチキシマ姫一柱だが、明治五年のご神体調べによれば、「ご神体三座中央琵琶《ビワ》を弾きたる女神なり　左髭《ヒゲ》姿の白衣の男神剣と玉を持ちたり　右小さき鏡を持ちたる女神なり　国内神明帳なる妻屋姫明神を合祭す」という。

つまり、中央にイチキシマ姫・左にサルタヒコ・右の妻屋姫明神とは「屋船豊受姫《ヤフネ》」とも称され、家屋を鎮める神として祀られるトヨウケ姫のことであろう。

●桜井市の市杵島《イチキシマ》神社（祭神イチキシマ姫）と春日神社（祭神サルタヒコ）そして素戔嗚《スサノオ》神社（祭神スサノオ）の三神社で行われる「お綱祭」は、イチキシマ姫とサルタヒコがスサノオの社で合体する神事である。イチキシマ姫とサルタヒコが夫婦神であることを今に伝えている。

●伊勢神宮が創始されるはるか以前から、伊勢・志摩一帯はサルタヒコの後裔磯部氏の根拠地で、伊勢神宮の内宮・外宮ともに磯部氏の土地であった。のちに内宮の土地を提供したのが磯部氏一族のオオタという人である。その子孫は宇治土公《ウジトコ》と称し、内宮の玉串大内人《オオウチンド》という特殊な職に任ぜられて累代奉仕してきた。

ところが、外宮の禰宜《ネギ》度会《ワタライ》氏も旧姓磯部氏（七一一年に改姓）で、トヨウケ大神を奉斎している。そして、外宮から内宮に向かう途中にある猿田彦神社は宇治土公が奉斎する社で、地《トコ》主《ヌシ》神であり産土《ウブスナ》神であるサルタヒコ大神とオオタ命を祀っている。

これらの関係から、磯部氏を介してサルタヒコとトヨウケ姫の血縁関係が読みとれる。

●生田《イクタ》神社（神戸市）は神功皇后ゆかりの神社である。祭神ワカヒルメ（トヨウケ姫）を取り囲むように、境内社にはサルタヒコ・イチキシマ姫・オオヤマクイ（ニギハヤヒ）を祀る社が集まっている。

●丹生都比売《ニウツヒメ》神社（和歌山県かつらぎ町）はニウツヒメ（トヨウケ姫）の本宮であるが、第四殿にイチキシマ姫が祀られている。祭神は高野山開山以前からの地主《トコヌシ》神で、空海との縁が深い。「丹《ニ》」は赤土・朱を意味する。

●伏見稲荷大社（京都市）の主祭神はウカノミタマ大神（トヨウケ大神）で、サルタヒコが配祀されている。

●岡上《オカノエ》神社（徳島県板野町）は『延喜式』所載の古社である。祭神はトヨウケ姫、サルタヒコ、イチキシマ姫他で、三神が一緒に祀られている。

●竹駒神社（岩沼市）は日本三大稲荷の一つに数えられる古社である。祭神はウカノミタマ・ワカムスビ・イチキシマ姫である。ウカノミタマとワカムスビはトヨウケ姫の別名で、イチキシマ姫が配祀されている。

●神明社（稲沢市）の祭神はトヨウケ大神とイチキシマ姫である。

『尾張名所図会』によると、尾張・美濃・信濃の諸国から伊勢に参宮する者は、木曽川を船で下り必ずこの社に参拝して伊勢路に向かう習わしがあったという。

多くの神社の事例から、トヨウケ姫を介してサルタヒコとイチキシマ姫が特別に親密な関係にあることがわかる。以上のことから、トヨウケ姫はアマテラス（ヒミコ）の孫であり、ニギハヤヒ（オオトシ）の孫と考えられるのである。

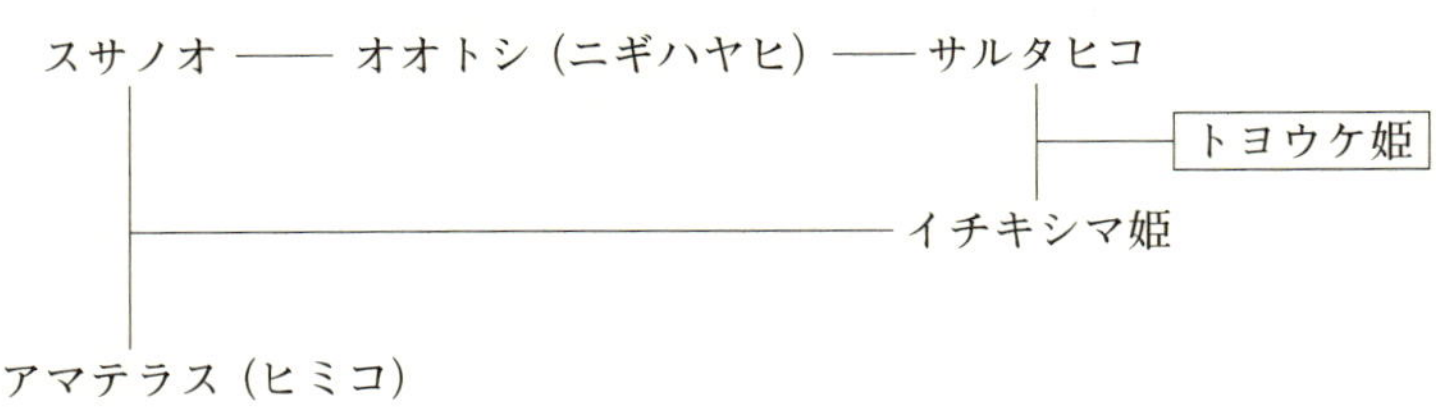

5　ヤマト王権との併合

⑴ 併合への道

三世紀後半以降ヤマト王権は纏向《マキムク》を中心に大きく発展し、東国や西国から人や物がどんどんヤマトに流入した。それまで北九州や出雲周辺地域に集中していた大陸の先進技術や文化も、出雲王国の崩壊後日本海ルートや瀬戸内ルートを通して直接ヤマトに伝えられるようになった。『魏志』倭人伝は二四九年に倭王（邪馬台国）台与《トヨ》が魏に遣使を送ったことを記している。しかし、邪馬台国の支援国であった魏は二六五年に滅んだ。その後に興った晋《シン》は王族間の争いや異民族の侵入により国内が安定せず、そのため邪馬台国（倭国連合）の大陸との交易権がゆらぎ始めたものと思われる。『晋書《シンショ》』に「二六六年倭王台与遣使・朝貢」と記されているが、これが邪馬台国に関する最後の記録である。

このような状況下で、倭国連合の国々はより安定した大陸との交易を求めて、次第にヤマト王権との結びつきを強めるようになり、邪馬台国の影響力は著しく低下したと考えられる。

ところで、ヤマト王権の二代天皇から四代天皇の皇后は、すべて物部系氏族の磯城県主《シキアガタヌシ》で占められ、ニギハヤヒとともにヤマト入りした邪馬台国系氏族にとってはいわば外様状態が続いていた。

アメノカヤマの後裔である尾張・海部族の首長天忍男《アメノオシオ》は、物部系氏族の厚い壁を破るため、邪馬台国の併合をテコにヤマト王権（倭国）の主導権を握ろうとした。尾張・海部族は早くから葛城《カツラギ》の尾張邑から尾張地方に進出して勢力を拡大していたが、天忍男《アメノオシオ》は娘のヨソタラシ姫を後の五代孝昭天皇の妃に入れることに成功した。

天忍男の子オキツヨソは尾張周辺地域にも地盤を拡げ、尾張連《ムラジ》の祖といわれた人物である。

オキツヨソは同族間の結束を強めるため、邪馬台国系氏族を血縁関係で結ぶことに全力をあげた。

●丹波海部氏との絆を強めるため、五代孝昭天皇とヨソタラシ媛《ヒメ》の御子アマタラシヒコ・クニオシヒト（オキツヨソの甥）と丹波海部氏の首長タケタセの妹ウナ比媛《ヒメ》との結婚を成立させた。このカップルにはオシ媛とワニヒコオシヒトが誕生した。オシ媛はのちに六代孝安天皇の皇后になる。

●次に、邪馬台国系氏族の名門ワニ氏との連携を図るため、ワニヒコオシヒトをワニ家に入婿させている。

ここに邪馬台国系氏族（ワニ氏・尾張氏・海部氏）の大連合が実現した。次の⑵②〈ワニ氏略系図〉をご覧ください。

二七〇年頃五代孝昭天皇が誕生すると、オキツヨソは大臣として政治の実権を握った。邪馬台国と倭国（ヤマト王権）の併合はまさにこの時期に行われたと思われる。

五代孝昭天皇のとき、「カムヤイミミの御子タケイワタツが筑紫の鎮守としてヤマトから肥後国に派遣された」という伝承が数多く残っている。タケイワタツは阿蘇山の北麓（現在の阿蘇神社の場所）を拠点に、筑紫の守りを固めたといわれている。この派遣は、「邪馬台国の東遷によって球磨《クマ》族が筑紫に侵入するのを防ぐための布石であった」と考えられるのである。

(2) 邪馬台国の中核氏族「ワニ氏」

①ワニ氏の伝承

古代豪族ワニ氏に関する基礎的な研究は極めて乏しく、古代史においてこれまでほとんどその存在を無視されてきた。しかし、ワニ氏一族に関する伝承は意外に多く、古代歴史上注目すべき氏族であると思われる。例えば、突然四世紀前半頃から六世紀の前半頃にかけてワニ氏（春日氏）出自の后妃が多く出たこと、小野妹子や柿本人麻呂などの多才な人材を輩出していること、春日・小野・粟田・大宅・柿本・真野氏などの同族を含め、各地に広大な勢力地盤を有していたことなどがあげられる。「ワニ」は丸邇・和珥・和邇（爾）などと記される。

一般に、ワニ氏は古代ヤマトの在地豪族といわれている。ところが、神々の伝承によるとワニ氏の祖神はサルタヒコで、ワニ氏と出雲神（特にニギハヤヒとスサノオ）の間には非常に親密な関係がみられる。

小椋一葉氏は『箸墓の歌』の中で、ワニ氏発祥の地は博多湾北部に突き出た海の中道の先端の志賀島《シカノシマ》ではないかと指摘している。志賀島の海人族（志賀族）は出雲から遠征したオオトシ直属の海人族であったと思われる。オオトシの東遷後、志賀族を統率したのがサルタヒコである。この島に鎮座する志賀海《シカウミ》神社は海の守護神ワタツミ神を祀る「海神の総本宮」であり、また禊祓《ミソギハラエ》の神として古代から篤い信仰を集めてきた。

神社の石碑には、「志賀の神」の神徳を讃える万葉集の歌が刻まれている。

「ちはやぶる鐘の岬を過ぎぬともわれは忘れじ志賀の皇神《スメガミ》」

玄界灘の難所を無事通り過ぎたことを志賀海神社の神に感謝を捧げた歌であるが、ワタツミ神は「皇神」と崇められている。

ところで、この神社のご神宝に「鹿の角」があり、一万本を超える鹿の角が奉納されている。志賀海神社の「志賀」は志賀島に由来し「鹿」に通じる。そして「海」は文字通りワタツミで、海神のことである。つまり、志賀海神社は志賀神社と海《ワタツミ》神社の合体した名である。おそらく当神社の起源は「志賀神社」で、地元の海人族（志賀族）が「鹿神」を奉斎したことに始まる。そのことは、当神社の末社に一九社もの志賀神社があることからもいえるであろう。そこに、対馬の阿曇《アズミ》海人族の奉じる「海神社」が一緒になり、「志賀海神社」が誕生した。そして、志賀海神社の祭祀を通して志賀族と阿曇族の一部が一つになり、志賀海族が形成されたと考えられる。志賀族と阿曇族がともに「ワタツミ神」を奉じたのは、もともと「鹿神」も「海神」も同じ神だったからである。

つまり、「ワタツミの神（皇神）」とはニギハヤヒのことであり、住吉の神・鹿島の神・春日の神につながる。志賀海神社の重要な神事に「御田植祭」があり、奈良の春日若宮の「おん祭り」で演じられる白覆面の細男《セイノオ》が志賀海神社の祭礼に登場することもその証しである。

サルタヒコを祖神とする出雲族や北九州の志賀海族そして宗像海人族は、同族の邪馬台国の女王トヨを支える中核氏族であった。彼らの中で邪馬台国の東遷に伴なってヤマト周辺地域に移動した氏族がワニ氏を形成した。したがって、ワニ氏はオオトシとサルタヒコゆかりの氏族であった。

②ワニ氏の系譜

『記・紀』は、ワニ氏の祖を五代孝昭天皇の御子天足彦国押人《アマタラシヒコクニオシヒト》と記し、ワニ氏を天皇家の系譜の中に取り込んでいる。しかし、小椋一葉氏が指摘しているように、「天足彦国押人の子和《ワ》爾日子押人《ニヒコオシヒト》がワニ氏に入婿して、ワニ姓を継いだ」というのが真相のようである。その根拠は、駿河浅間神社の大宮司家に伝わる「和爾系図」に、和爾日子押人は「大倭《オオヤマト》和爾里に居る」と記

〈ワニ氏略系図〉

――邪馬台国系氏族のつながり

（ワニ氏・尾張氏・海部氏）

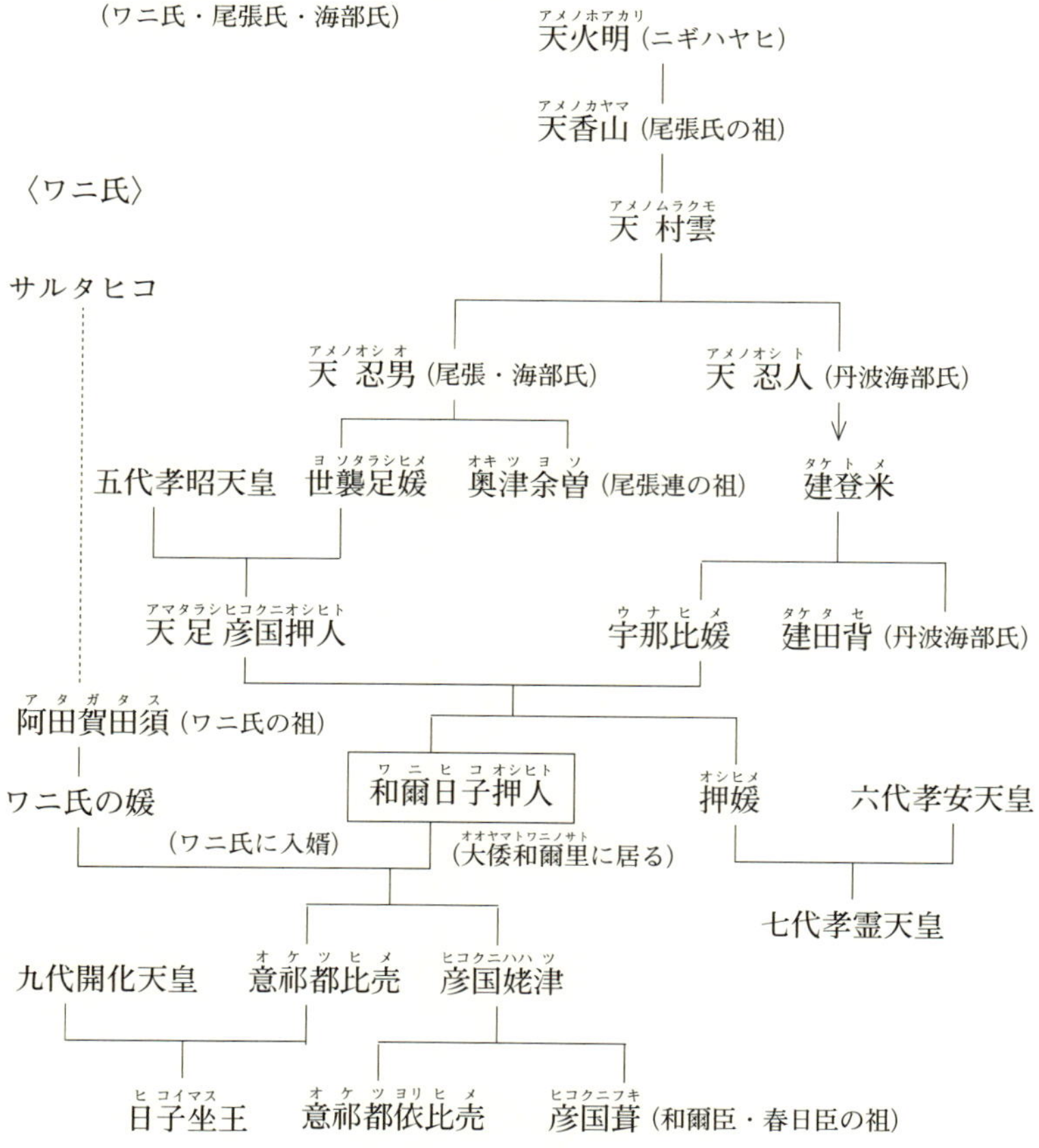

（駿河浅間神社・大宮司家に伝わる和爾系図『神道大辞典』所載、小椋氏推定による）

されているからである。

③ワニ氏の東遷

三世紀後半から四世紀はじめにかけて、北九州のワニ氏一族は瀬戸内沿岸地域（吉備・播磨）や摂津・河内を経由してヤマトに大移動したと考えられる。この大移動は邪馬台国とヤマト王権の併合に密接につながっている。

彼らの多くはヤマト王権の地（纏向）の北に隣接する天理市北部から奈良に至る地域に居を構えた。ワニ氏の一族・春日氏は奈良に住みつき、小野氏や粟田氏・真野氏そして安曇海人族の多くは木津川を下り山城・近江に進出している。

ワニ氏の中核となった志賀海族は、「鹿神」や「海神」を奉斎して東遷した。東遷を裏付ける神社は各地にある。その足跡を辿りたい。

●岡山県吉備中央町の化気《ケキ》神社はイザサワケを祀る社である。由緒に「崇神天皇の時山陽道に派遣された大吉備津《キビツ》彦がこの峰にこられ、御食津《ミケツ》神を祀りイザサワケ神といった」と記されている。「化気」とは「笥飯《ケイ》」の意味である。神紋は「下り藤・鹿角」で、この社の宝物「鹿角」は「イザサワケ」・「イザサ王」と称されている。

つまり祭神イザサワケは御食津神で、かつ「鹿神」ということになる。古代、鹿の骨を焼いて吉凶を占う「鹿占《シカウラ》」が行われており、鹿は神や神の使いとして崇められたものと思われる。

●日岡神社（加古川市）の祭神はアメノイザサヒコである。ところが、『播磨国神名帳』には「日向社イザサワケ尊明神」と記されている。祭神についてさまざまな説があるが、加古川周辺はオオトシを祀る大歳神社の密集地で、志賀海族の一大拠点だったことから、オオトシ（ニギハヤヒ）を鹿神（イザサワケ）の名で祀ったものと思われる。

●海《ワタツミ》神社（神戸市）はワタツミ神を祀る神功皇后ゆかりの由緒ある社である。この地は安曇族の拠点で、ヤマト朝廷の時に諸国の漁民を部民《ベミン》として統括した安曇連の本拠地であった。

●気比《ケヒ》神宮（敦賀市）はイザサワケを主祭神とする社である。当神宮は古くから「笥飯宮《ケイノミヤ》」とも呼ばれ、イザサワケは御食津大神とも称されてきた。イザサワケは海の神・農耕の神である。古く「敦賀」は「角鹿《ツヌガ》」と記されている。鹿のシンボルは角である。これは神宮の神が「鹿神」であったことに由来するのではないだろうか。

●住吉大社（大阪市）の祭神は筒男三《ツツノオ》神で、海の神・農耕の神・各種産業の神として広大な神性を有している。ツツノオ神がワタツミ神であることは、各種の伝承から明らかである。

ところで、当神社の鳥居と鰹木《カツオギ》は他の神社にない特徴を持っている。鳥居は四角柱で「角《カク》鳥居」と呼ばれ、本殿屋根の上の鰹木も四角である。この四角い鳥居や鰹木は、祭神「鹿神」の「鹿の角」を表現しているように思える。当神社の「御田植神事」や「卯《ウ》の日祭」は、大神神社の「御田植祭」・大神祭（卯の日神事）と類似の神事で、鹿神ニギハヤヒを裏付けるものである。

●春日大社（奈良市）のシンボルも「鹿」である。春日の地はもともとワニ氏一族・春日氏の本拠地であった。当然春日山（三笠山）の神は鹿神（ニギハヤヒ）だったと考えられる。万葉集に三笠山を詠んだ歌があるが、三笠山の枕言葉は「大君《オオキミ》」で、「皇」・「大王」と記されている。つまり、三笠山の本来の神が「皇神」だったからであろう。第1章で述べたように、春日大社にはニギハヤヒの影が色濃く残っている。

●近江国（特に琵琶湖の西岸地域）には、ワニ氏ゆかりの神社や地名が密集している。志賀族や安曇族の痕跡も多く、北九州海人族の一大拠点であったことがわかる。

●大津市の小野神社は小野一族の氏神社である。所在地の旧町名は志賀町で、ＪＲ湖西線の最寄駅が和邇《ワニ》駅である。周辺に和爾町があり、近くを和爾川が流れている。

●高島市の白鬚《シラヒゲ》神社はワニ氏の祖サルタヒコを祀る白鬚神社の総本社である。

住吉大社の住吉鳥居と鰹木

●大津市の神田神社はヒコクニフキとアマタラシヒコ・クニオシヒトを祀る社である。所在地の真野町はワニ氏の一族真野臣の拠点で、祭神ヒコクニフキは真野氏の祖である。
●小椋《オグラ》神社（大津市）はクラオカミとサルタヒコを祀っている。クラオカミは祈雨の神として知られ、ニギハヤヒの象徴名と考えられるので、海人族の拠点にニギハヤヒとサルタヒコが一緒に祀られていることになる。
●高島市に「安曇川町《アドガワ》」があり、安曇川が流れている。また、琵琶湖北部の長浜市に「安曇郷《アド》」があったことが『和名抄』に記され、阿（安）曇海人族の足跡を今に伝えている。

これまで志賀海族を中心に、ゆかりの神社と伝承そして彼らの活動の足跡を辿ってきた。その足跡は北九州から瀬戸内沿岸地域そして摂津・河内・ヤマト・山城・近江へとつながり、日本海の角鹿（敦賀）に達している。彼らは瀬戸内ルートのみならず、日本海ルートを結ぶ巨大な流通経路を掌握していたといえるであろう。邪馬台国の併合に伴なって、ヤマト王権はワニ系氏族の流通ルートを使えるようになり、朝鮮半島を含む広域の交易活動を頻繁に行ったと考えられる。

〈東大寺山古墳〉

ワニ氏のヤマトの拠点となった天理市和爾町には、四世紀後半頃に造営された東大寺山古墳（全長一四〇メートル）がある。古墳のある丘陵には、奈良県で最大規模の弥生時代終末期から古墳時代の高地性遺跡が残っている。この遺跡はワニ系氏族が三世紀後半以降にこの地に住み始めたことを伝えている。

　この古墳から鉄刀二〇本、鉄剣九本などの武器類が出土した。その鉄刀のなかに鳥文《チョウモン》飾りの環頭をつけた後漢（中国）時代の鉄刀が見つかったが、背には「中平銘」の二四文字の金象嵌《キンゾウガン》が施されていた。「中平」とは中国後漢の霊帝の時代の号で、鉄刀の刀身は一八四年から一九〇年の間に中国でつくられたものである。

　ところが、森浩一氏の『考古学と古代日本』によると、「鉄刀に付加された環頭《カントウ》は日本製で、中平銘の鉄刀を含む五本の鉄刀の環頭は、基本的には三葉環である。ところが、このタイプの鉄刀は福岡市の四世紀後半の古墳から出土している。さらに環頭上部についている一対の鳥の形をした金具のデザインは、対馬の遺跡からの出土品に先例がみられる」とのことである。つまり、あとで付加された装具は日本製で、対馬や福岡にみられる遺品を総合しなければ生まれない文様だという。

　以上のことから、これらの鉄刀は北九州に伝来し、北九州から集団の移住とともにヤマトへ移動した可能性が高い。東大寺山古墳はワニ系氏族の古墳である。とすると、「中平銘の鉄刀」はワニ系氏族が北九州からヤマトへ移住した証しといえるのではないだろうか。

　また、東大寺山古墳群の中にある和爾坐赤坂比古《ワニニマスアカサカヒコ》神社（延喜式大社）はワニ氏の祖アタガタスとイチキシマ姫を祀る社である。この神社からもワニ氏とイチキシマ姫（宗像の神）の特別な関係を読みとることができる。さらに、『延喜式』記載の和爾下《ワニシタ》神社二社（天理市と大和郡山市）はともにスサノオ・オオナムチ・イナダ姫を祀る社で、ワニ氏と出雲神の親密な関係を知らせている。

〈ワニ氏と后妃《コウヒ》〉

邪馬台国の中核氏族であったワニ系氏族は、ヤマト王権との併合により、これまで初期ヤマト王権を支えてきた物部氏や尾張氏・葛城氏と肩を並べ、突然ヤマト王権の一翼を担う勢力になったと考えられる。そのことは豪族出身后妃の出自の変遷から証明できる。

初代神武天皇から六代孝安天皇まで、后妃はすべて物部氏族の磯城県主《シキアガタヌシ》と十市《トオチ》県主そして尾張連から出ていた。ところが『記・紀』の所伝によれば、四世紀から六世紀中頃までの間にワニ氏（春日氏）からは、七代孝霊天皇以降開化・応神・反正《ハンゼイ》・雄略・仁賢《ニンケン》・継体・欽明・敏達《ビタツ》九天皇に一一人もの后妃が出ている。この間、ワニ氏は他の有力豪族よりも最も多くの后妃を出しているのである。

和爾坐赤坂比古神社

以上のことから、ワニ氏はヤマトの在地豪族ではなく、北九州からヤマトに移住してきたと考えざるをえない。

〈終末期銅鐸の銅原料〉

三世紀中頃から四世紀はじめ頃に畿内や東海地域で盛んにつくられた終末期銅鐸（近畿式銅鐸・三遠式銅鐸）の銅原料は、その鉛同位体比の分析から、三世紀前半頃に中国鏡をまねて北九州で大量につくられた小型仿製《ボウセイ》鏡第Ⅱ型の銅原料とほぼ同じものである可能性が高いといわれている。

この事実は、終末期銅鐸の銅原料が三世紀中頃以降に、北九州から近畿・東海地域に大量にもたらされたことを告げている。そして、この銅原料を北九州から近畿・東海地域に持ち込んだ集団こそ、トヨの邪馬台国勢力（ワニ氏を中核とする出雲系氏族）だったと考えられるのである。

(3)「大《オオ》ヤマト国」の誕生

二七〇年頃二つの倭国（邪馬台国とヤマト王権）は併合して「大ヤマト（倭）国」が誕生した。大倭国の誕生は、これまで戦いを繰り返してきた古代の先進勢力（出雲族と日向族）がついにヤマトに結集して、「統一国家」が生まれたことを意味している。古代日本の歴史最大の出来事であった。この大事業を成し遂げた人物は、邪馬台国の女王トヨであり、ヤマト王権の大臣オキツヨソであった。

初期ヤマト王権の都（纒向）は二世紀末から三世紀はじめに突然出現した。ところが、この遺跡は三世紀後半にその規模を三世紀前半の二倍以上に拡大していることが指摘されている。これはトヨの邪馬台国勢力がヤマトに移りヤマト王権と併合したことを裏付けるものと考えられる。

九四五年に完成した中国の歴史書『旧唐書《クトウジョ》』「倭国日本伝」の冒頭に「倭国は古い倭奴国《ワナコク》」とあり、さらに「日本国《ヒノモトノクニ》は倭国の別種なり　その国日辺《ヒノベ》にあるをもって故に日本《ヒノモト》を名とす　あるいはいう日本は旧《モト》小国倭国の地を併せたりと」と記している。

つまり、「倭国」とは「倭の奴の国」すなわち博多湾付近にあった奴国が加盟する倭国連合（邪馬台国）のことである。したがって、倭国（邪馬台国）が北九州にあったことは疑問の余地がない。そして、北九州の倭国より日の出ずる東方にあるので「日本《ヒノモト》」と呼ばれた倭国の別種とは初期ヤマト王権をさしている。つまり、『旧唐書』は北九州の「倭国」と東方の「日本国」（初期ヤマト王権）が併存していたこと、そして、初期ヤマト王権が北九州の倭国（邪馬台国）を併合したことを伝えているのである。

『大倭《オオヤマト》神社註進状《チュウシンジョウ》』に、「天照大神は五代孝昭天皇元年に天皇の大殿（皇居）に祭られた」と記されている。この記述は五代孝昭天皇即位の年に邪馬台国がヤマト王権と併合して、邪馬台国の神器（王位継承のしるし）である「八咫鏡《ヤタノカガミ》」がトヨからヤマト王権に渡され、宮中に奉斎されたことを示唆している。

〈箸墓《ハシハカ》古墳〉

箸墓古墳は三世紀の第四四半期（二七六年から三〇〇年）頃つくられたとされる全長二八〇メートルの初期の前方後円墳である。この古墳を卑弥呼の墓であると考える学者がいる。しかし、ヒミコ（アマテラス）は九州で亡くなっていること、そして二四八年頃亡くなっているので造営時期があわないこと、箸墓周辺にヒミコ（アマテラス）を祀る社や伝承がまったく存在しないことから、ヒミコ（アマテラス）の墓である可能性は少ない。一方、箸墓周辺にはトヨウケ姫を祀る神社や伝承が今も根強く残っている。

箸墓古墳

この古墳は、オキツヨソを中心とするヤマトの邪馬台国系氏族（尾張・海部・ワニ氏）が、「大ヤマト国誕生」という大事業達成のシンボルとして造営したと考えられるのである。したがって、その主はトヨウケ姫をおいて他に該当者はいない。

トヨウケ姫は古くから「御食津神」として多くの人々から崇められてきた。食事に箸はつきものである。二つの倭国併合の大事業を成し遂げたトヨウケ姫の眠る墓を、人々は親しみを込めて「箸の墓」と呼んだのではないだろうか。

第6章　崇神天皇の出現

1　新ヤマト王権の誕生

神武天皇以来初期ヤマト王権では、「天皇は日向系・皇后は出雲（物部）系」また「天皇の宮は葛城地域・政治と祭祀は纏向（三輪）地域」の二元体制が続いていた。

ところが四世紀はじめ頃、崇神《スジン》天皇はかつて邪馬台国連合を構成していた国々の残存勢力をまとめ、さらに狗奴《クナ》国の一派（熊襲《クマソ》）を加えた強力な軍事集団を率いて、北九州から河内・ヤマトに侵攻したと考えられる。

既存のヤマト王権（物部王権）を制圧した崇神天皇は、纏向の地に新しい王権を樹立して三輪山麓に瑞籬宮《ミツカキノミヤ》を置いた。これまで纏向周辺を根拠地にしていた物部氏族は、纏向の北石上《イソノカミ》郷（天理市）に遷り、その後長く朝廷に仕えることになった。

崇神天皇は従来の出雲族や日向族とは異質の旧邪馬台国系の人物だったと思われる。崇神天皇の諡名《オクリナ》は「ミマキイリヒコイニエ」である。「ミマキ」は邪馬台国の官名であった「弥馬升《ミマショウ》」や「弥馬獲支《ミマカキ》」と発音が類似している。また、御子の垂仁天皇の名は「イクメ」で、邪馬台国の官名「伊支馬《イキマ》」にそっくりである。

新ヤマト王権が征服王朝であったことは、『記・紀』の記述内容からも推測できる。それまで宮中に奉斎されていた二柱の神霊（倭《ヤマト》大国魂大神と天照大神）を宮中から外へ遷していることである。崇神天皇は外来者（征服者）であったため、二柱の皇祖神の祭祀を行うことができなかったことを告げている。

さらに『古事記』によると、「崇神天皇の御代に国内に疫病が流行して、多くの人命が失われて世の中が混乱した」という。御諸山の大神の託宣があり、物部の八十平瓮《ヤソビラカ》を捧げ物としてお告げ通りに神祭りをすると、疫病は治まり国も平穏になったと伝えている。崇神天皇は侵略者でヤマトを支配したが、御諸山の大神の祟《タタ》りを鎮めることができなかったということである。

北九州の邪馬台国系一派がヤマトを支配したことは、考古学からもいえる。弥生時代の北九州地方における特徴的な墳墓（甕棺《カメカン》）から数多く出土する銅鏡が、近畿地方では弥生時代の墳墓から全く出土せず、古墳時代（四世紀以降）の墳墓から出土していることである。

つまり、北九州地方の弥生時代と近畿地方の古墳時代はつながるが、近畿地方の弥生時代と古墳時代の間には連続性がない。これは、鏡を大切にして墓の中に鏡を収める習俗を持った集団が、北九州地方から近畿地方にやってきて自分たちの習俗を古墳時代に伝えた証しである。

近畿地方では銅鐸が数多く出土する。銅鐸は初期ヤマト王権のシンボルであり、その銅鐸の職人集団を支配していたのが物部氏族であった。三世紀中頃からは、従来のものより大型で装飾性に富んだ近畿式銅鐸がつくられていた。

ところが、崇神天皇率いる北九州の邪馬台国系一派と物部王権の戦いは、銅鐸を祭器とする物部王権と銅鐸を否定する邪馬台国系一派の戦いでもあった。新ヤマト王権の象徴は銅鏡・玉・剣である。銅鐸は地下に埋納されあるいは壊されて、いっせいに地上から姿を消した。新しい王権に反発する物部氏族の一派は東海地域（尾張・遠江《トオトウミ》・駿河）に移り、大型の三遠《サンエン》式銅鐸をつくっている。

ところで、「倭国《ワコク》」と「日本《ヒノモト》」の状況を伝えるものに、中国の歴史書『唐書』東夷《トウイ》伝がある。九四五年に完成した『旧唐書《クトウジョ》』の「倭国日本伝」と一〇六〇年完成の『新唐書』「日本伝」である。『旧唐書』は邪馬台国が日本《ヒノモト》のヤマト王権と合体して大ヤマト国が誕生したことを伝えている。

一方、『新唐書』は「或は云ふ　日本は乃ち小国　倭の併《アワ》する所と為る　故に其の号を冒《オカ》せりと」と記し、倭国が日本国を併合して「日本《ヒノモト》」の名を自国の名にしたという。これは、崇神天皇が邪馬台国系氏族をまとめて東征し、日本の初期ヤマト王権を倒して「新ヤマト王権」を樹立したことを告げているのである。

2　二人の「ハックニシラススメラミコト」の謎

(1)「欠史八代」について

『記・紀』によれば、日本最初の統一者は神武天皇で「始馭天下之天皇《ハツクニシラススメラミコト》」と記されている。ところが、十代崇神天皇も「御肇国天皇《ハツクニシラススメラミコト》」である。二人の「ハックニシラススメラミコト」が建国の天皇として登場している。この点について多くの学者は、「二人の天皇は同じ人物で、神武天皇は架空の天皇・崇神天皇が本来のハックニシラス天皇」としている。

そして、神武天皇以降二代綏靖《スイゼイ》天皇から九代開化天皇までの八代の天皇については、事績がほとんど記されていないため実在しなかった（「欠史八代」といわれる）ことになっている。

しかし、この考えは古代史研究者としてあまりにも無責任ではないだろうか。

なぜならば、古代歴史最大の謎は、二世紀から三世紀に実在した二つのヤマト（邪馬台国とヤマト王権）がどのようにして興り、いかなる歴史を辿ってきたかということである。「欠史八代」と称される時代は三世紀中頃から四世紀始めに該当し、古代歴史の謎を解明する上で最も重要な時代と考えられるのである。

私は初代神武天皇とその後の九代の天皇は実在されたと考えている。

第4章で述べた通り、神武天皇についてはさまざまな事績が残っている。特に、今日まで続く「鎮魂祭」は実在の証しといえるであろう。『記・紀』は政治的な思惑から、古代歴史上で最も重要な時代の天皇の系譜や事績を詳細に記すことができなかっただけである。

日本建国の礎を築いたのは出雲族であった。ところが、二世紀から三世紀末にかけて出雲族と日向族（高天原族）の間に激しい戦いの歴史があり、両者の争いは日向族の全面勝利に終わった。

奈良時代に編纂された『記・紀』は、二つの倭国の誕生とその後の歴史について一切記していない。『記・紀』は政権側に都合の悪い古代日本建国の歴史を記すことができず、「神話の世界」を創作して真実の歴史を闇に葬り去ったのである。

それでは、『記・紀』が隠蔽しようとした事とは何だったのか。

例えば、

●邪馬台国やヤマトが建国されるよりも以前から、古代出雲王国が北九州地域と並んで大いに繁栄していたこと。

●一七〇年頃スサノオ率いる出雲族が九州を席捲《セッケン》して日向族を屈伏させ、九州統治の都である邪馬台国（倭国）の基礎をつくったこと。

●一七〇年代後半にスサノオの子オオトシ（ニギハヤヒ）が出雲族や海人族を率いて東遷し、初期ヤマト王権を樹立したこと。

●神武天皇は九州（日向国）からヤマトのニギハヤヒ大王家に入り婿され、初期ヤマト王権を継承されたこと。
●神武天皇から綏靖《スイゼイ》・安寧《アンネイ》・懿徳《イトク》・孝昭・孝安・孝霊の初期天皇の后妃《コウヒ》はほとんど磯城県主《シキアガタヌシ》（ニギハヤヒの子孫）の娘で、皇后家が物部系氏族であったこと。
●天皇の宮は神武天皇以降六代孝安天皇まで天香具山以西の葛城地域にあり、政治と祭祀の実権はニギハヤヒの子孫（物部系氏族）が掌握していたと考えられること。
●二七〇年頃五代孝昭天皇のときに、邪馬台国（女王トヨ）が東遷してヤマト王権と併合したこと。等である。

⑵ 神武天皇と崇神天皇

神武天皇と崇神天皇はともに「ハツクニシラススメラミコト」と称されているが、その実像はまったく異なる。初代神武天皇は「始馭天下之天皇」で、「はじめて天下を馭《ギョ》する天皇」つまり「建国初代天皇」の意味である。神武天皇はニギハヤヒ大王が樹立した初期ヤマト王権の継承者であったが、天皇家（日向族）とニギハヤヒ大王家（出雲族）の合体による統一国家建設への第一歩を踏み出した初代天皇であった。

『記・紀』には、初代神武天皇から九代開化天皇の時代を通して、ヤマト周辺地域に対する大規模な征討伝承が記されていない。いつの間にかヤマト王権の領域になっているのである。その理由は、ニギハヤヒの東遷以降ヤマトの周辺地域は、ニギハヤヒに随伴した氏族が治める領域だったからである。

一方、崇神天皇は初期ヤマト王権を倒して新ヤマト王権を樹立し、纏向遺跡の全盛期を築いた天皇であった。崇神天皇は「御肇国天皇」・「所知初国天皇」と記されている。「肇国《ハツクニ》」や「初国」は「本国」のヤマトの国に対して「新しい征服地」の意味で、新しい支配地域を統治する天皇ということになる。

崇神天皇はヤマト朝廷の地方支配に大きな足跡を残している。

第一に、「四道将軍」を地方に派遣してヤマト朝廷の直接支配地域を拡げた征討伝承をもっている。「四道」とは北陸道（越《コシ》の国）、東海道（尾張より東方一二ヵ国）、山陽道（吉備）、山陰道（丹波）で、いずれも出雲族と親密な関係をもつ国々であった。

第二に、青銅器分布に大きな変化がおこり、青銅器分布の中心が北九州から近畿地方に移ったことである。

具体的には

- 銅鏡・玉・刀剣という新たな宝器がヤマトを起点にして地方に広まり、これまでの銅剣・銅矛文化圏と銅鐸文化圏を吸収したこと。

●同一の鋳型でつくられた銅鏡（同笵《ドウハン》鏡）が近畿地方を中心に北九州から関東にいたる四・五世紀の古墳に分布することなどがあげられる。

これらの事実は、ヤマト朝廷の勢力圏が急速に拡大し、全国政権に向けて歩み始めたことを物語っている。

3　崇神天皇とニギハヤヒ

(1)「新生大ヤマト国」のシンボル

二七〇年代にヤマト王権は邪馬台国を併合して「大ヤマト国」が誕生した。しかし、併合後三〇年から四〇年経過しても氏族間の主導権争いが収まらず、「大ヤマト国」がひとつにまとまることはなかった。

崇神天皇は強力な軍事力を背景に「国土の開発と統一」を旗印に掲げ、朝廷の総力をあげてヤマト朝廷の全国政権化に取り組まれた最初の天皇であった。

天皇は「ニギハヤヒのヤマト建国の志」に深く共感され、国造りの第一歩としてニギハヤヒを「新生大ヤマト国のシンボル」に定められた。ニギハヤヒはヤマト（日本《ヒノモト》）の開祖であり、邪馬台国（倭国）の基礎をつくった人物である。また、ヤマトの先住民族と渡来系氏族の接点でもあった。

崇神天皇はそれまで宮中で奉斎されていた皇祖神日本大国魂大神《ヤマトオオクニタマ》と天照大神の二柱を宮中の外へ遷されたという。ところが、ヤマトオオクニタマ大神を祀る社はすぐに御諸山に近い市磯邑《イチシムラ》に遷祀された。それが大和《オオヤマト》（倭）神社である。倭 直《ヤマトノアタイ》の祖長尾市《ナガオチ》が祭主となった。一方、宮中から出たアマテラスの神霊は王権の地ヤマトに社《ヤシロ》が建たず、社地を求めてその後長い間放浪している。

崇神天皇は「新生大ヤマト国」をひとつにまとめるために大和神社を創建された。それは、「オオヤマト」の神社名からも明らかである。そして「新生大ヤマト国」の守護神として、神武天皇即位以来宮中に奉斎されていた御諸山の大神（ニギハヤヒ）の神霊を、「ヤマトオオクニタマ大神」の名で祀られた。ヤマトオオクニタマ大神は日本大八洲《ヤマトオオヤシマ》の国魂（開祖）の神であり、御諸山の大神と表裏一体の関係にある神である。このことは、「神社の祭神名は政権の交替や祭祀権の移動によって変化する」ことを端的に示している。

大和神社

(2) 崇神天皇の時代に創祀された神社

「崇神天皇の時代の創祀」と記された神社は三〇社《ヤシロ》近くもある。しかも、ヤマト王権の本拠地だけでなく、畿内の最も格式の高い『延喜式』の名神《ミョウジン》大社は、ほとんど崇神天皇の時代に創祀されている。ヤマトの三大神社ともいえる大神《オオミワ》神社・大和《オオヤマト》神社・石上《イソノカミ》神宮、京都の上賀茂神社・日吉大社、和歌山の熊野本宮大社などが含まれている。

ところが、これらの神社の現在の祭神名は、すべて異なり正体不明の神名もある。崇神天皇が創祀されたと伝わる神社の祭神名がことごとく異なることは、あまりにも不自然である。

例えば、大神神社・大和神社・石上神宮の祭神は、それぞれ大物主大神・日本大国魂大神・布留御魂大神であり、上賀茂神社・日吉大社・熊野本宮大社の祭神は、それぞれ別雷《ワケイカヅチ》神・大《オオ》山咋《ヤマクイ》神・家都御子《ケツミコ》大神である。

しかし、第1章で検討したように、数多くの神社の縁起・伝承と祭祀氏族・神々の神性と神事の内容そして各種の古文献と民間伝承などを詳細に調べると、驚くべきことに、これらの神名はすべてニギハヤヒ（オオトシ）の別名と考えられるのである。詳細については、『古代ヤマト王権の縁起と伝承』批評社を参照ください。

崇神天皇はニギハヤヒ大王を崇め、「新生大ヤマト国」のシンボルとしてニギハヤヒを祀る社を数多く創建された。

ニギハヤヒの神名がいつ変えられたのかは不明である。ニギハヤヒの神名を改変・隠蔽する工作は、奈良時代の『記・紀』編纂以降全国規模で継続して行われた。政治権力が作為的に事実を改変し、抹消しようとした痕跡はいたるところに残っている。

しかしながら、皇祖神ニギハヤヒに関する史実や伝承を抜きにして、ヤマト建国の歴史を語ることはできない。


日本という国が誕生する夜明け前に出現して、壮大なドラマを演じた二人の英雄…出雲から身をおこして列島の開拓と統一の夢に生涯を捧げたスサノオと、父の夢を受けついでヤマトを建国し、日本国の礎を築いたニギハヤヒ。

考古学が証明した「古代出雲」の繁栄と出雲族の輝かしい足跡は、出雲神スサノオとニギハヤヒ父子を祀る数多くの神社や彼らの偉大な功績を讃える数々の伝承と見事に符合しているのである。

参考文献

- 『消された覇王』　小椋一葉　河出書房新社
- 『神々の謎』　〃　〃
- 『古代万華』　〃　〃
- 『女王アマテラス』　〃　〃
- 『箸墓の歌』　〃　〃
- 『古代日本正史』　原田常治　同志社
- 『スサノヲの真実』　鷲尾隆継　中央文化出版
- 『古代物部族と「先代旧事本紀」の謎』　安本美典　勉誠出版
- 『倭王卑弥呼と天照大御神伝承』　〃　〃
- 『「邪馬台国畿内説」徹底批判』　〃　〃
- 『邪馬台国は、銅鐸王国へ東遷した』　〃　〃
- 『神社と古代王権祭祀』　大和岩雄　白水社
- 『物部氏の盛衰と古代ヤマト王権』　守屋　尚　彩流社
- 『古代神道と天皇家の謎』　関　裕二　ポプラ社

・『出雲抹殺の謎』 〃 PHP文庫
・『出雲からたどる古代日本の謎』 瀧音能之 青春出版社
・『出雲王国の正体』 武光 誠 PHP研究所
・『皇祖神饒速日大神の復権』 大野七三 批評社
・『出雲と大和』 村井康彦 岩波新書
・『古代日本誕生の謎』 武光 誠 PHP文庫
・『天皇の系譜と神話』 吉井 巌 塙書房
・『考古学と古代日本』 森 浩一 中央公論社
・『白鳥伝説』 谷川健一 集英社文庫
・『全国神社名鑑』 史学センター
・『祭・芸能・行事大辞典』 朝倉書店
・『神国島根』 島根県神社庁

これまで、「古代出雲」の変遷と出雲の神々、なかでも日本建国の基礎を築いたスサノオとニギハヤヒの伝承を中心に話を進めてきた。

ところで、弥生時代の日本には出雲族と日向族（高天原族）の二大先進勢力がいた。邪馬台国の誕生と変遷そしてヤマト王権の誕生とその後の歴史は、いずれも出雲族と日向族の戦いと和解の歴史であったと考えられるのである。

二大勢力の戦いは、奈良時代に中臣（藤原）氏によって名実ともに日向族の勝利に終わった。「歴史は勝者がつくるもの」といわれる。

日本人にとって不幸なことは、日本最古の正史とされる『日本書紀』が、日本の黎明期の歴史そのものを隠蔽・改竄したことである。そして、現代につながる中臣神道が、アマテラスを頂点とする神話にされた神々の体系の上に成り立っていることである。

古代日本の夜明けをリードした出雲族の輝かしい足跡は、ことごとく歴史の表舞台から消し去られた。その結果、日本建国の歴史の真実はいまだに解明されないままである。

本当にこれで良いのだろうか。御諸山（三輪山）のふもとに広がる纏向遺跡は、古代ヤマト王権の都であった。その御諸山の山頂に鎮まる「大神」は出雲の神である。古代ヤマトの中心地に出雲神が祀られ、ヤマトを造成した神（大国魂神）として、天照神（太陽神）として、そして何よりも天皇（大王）霊として崇められてきた事実を無視することはできない。この事実は、古代歴史のなかで出雲族の果たした役割の重大さを物語るものである。

今日、「古代出雲」を正しく理解し、古代史のなかで正当に評価することが何よりも求められている。本書が、日本建国の歴史において「古代出雲」の果たした役割を見直すきっかけになれば幸いです。

この本の出版に際して、先学の貴重な資料と研究成果を大いに活用させていただいたことに対し、厚く御礼申し上げます。

また、批評社のスタッフの方々には、原稿の段階から一方ならぬお世話になり、心から感謝申し上げます。

未だ調査不足で間違った解釈をしている事も多々あると思われます。忌憚のないご意見をいただければ、更に考究を重ねてまいりたいと願っております。

二〇一九年八月

木村博昭

著者略歴

木村博昭（きむら・ひろあき）

経歴・1943年　奈良県大和郡山市に生まれる
・1961年　奈良県立奈良高校卒業
・1965年　大阪市立大学経済学部卒業

著書『神社伝承とヤマトの大王ニギハヤヒ』
『古代ヤマト王権の縁起と伝承』（批評社）

住所 〒274-0812　千葉県船橋市三咲6-33-3

古代出雲王国と神々の伝承

――消された英雄　スサノオとニギハヤヒ

2019年9月30日　初版第1刷発行

著　者……木村博昭

装　幀……臼井新太郎

発行所……批評社
〒113-0033　東京都文京区本郷1-28-36　鳳明ビル
電話……03-3813-6344　fax.……03-3813-8990
郵便振替……00180-2-84363
Eメール……book@hihyosya.co.jp
ホームページ……http://hihyosya.co.jp

組　版……字打屋

印　刷……文昇堂 ＋ 東光印刷

製　本……鶴亀製本㈱

乱丁本・落丁本は、小社宛お送り下さい。送料小社負担にて、至急お取り替えいたします。

ISBN978-4-8265-0701-1 C0021

【目次】

◆多くの神社の縁起・伝承は、千数百年の悠久の歴史を超えて、今なお存在している。古代の人々は、地域共同体の歴史や伝承と同族意識を基盤にして、氏神や鎮守の神々を祀る信仰を起こし、神々と深い絆で結ばれていた。

◆そこから数々の神社の縁起・伝承が生まれ、今日まで語り継がれてきたのである。この祖先の偉大な遺産を手掛かりに、『記・紀』神話が抹消したニギハヤヒ命の実像を明らかにすると共に、古代ヤマト王権の実相に迫る。

四六版並製 280 ページ／本体価格 2,400 円＋税
2014 年 11 月発行

批評社